Peter Muttersbach

Denk-Anstöße

Ein Lesebuch für interessierte Gemeindeleute

Bibliografische Information der Deutschen Nationalbibliothek:

Die Deutsche Nationalbibliothek verzeichnet diese Publikation in der Deutschen Nationalbibliografie; detaillierte bibliografische Daten sind im Internet über dnb.dnb.de abrufbar.

Umschlaggestaltung, Grafiken, Satz und Layout: Peter Muttersbach
Abbildungen: s. Anhang
Herstellung und Verlag: BoD – Books on Demand, Norderstedt

ISBN 9-783755-708193

Probleme kann man nie
mit der gleichen Denkweise lösen
mit der sie entstanden sind.
Albert Einstein

Weiß du nicht,
dass dich Gottes Güte
zum Umdenken leitet?
Die Bibel, Römer 2,4

Inhalt

Statt Vorwort:
Theologie nur für Profis?

Der Apostel Paulus schrieb den Korinthern ins Stammbuch, es seien nicht viele Weise unter ihnen (1.Kor 1,26). Das war nicht als Kritik oder Herabwürdigung gemeint. Ganz im Gegenteil. Er stellte damit lediglich klar, dass Gottes Weisheit jeglicher menschlichen Weisheit (oder auch ihrem Dünkel!) bei weitem überlegen ist. „Das Törichte von Seiten Gottes ist weiser als Menschen." (V. 25) Als Abgesang zu durchaus hilfreichen Überlegungen, wie Nachfolge  Jesu – also gelebter Glaube – persönlich und als Gemeinde gestaltet werden kann, wäre das falsch verstanden. Hätte Paulus es so gemeint, wären seine eigenen Briefe sinnlos gewesen, denn in ihnen bemüht er sich um genau diese Thematik. Die jungen Gemeinden mussten sich in ihrer damaligen antiken, religiösen und kulturellen Umwelt neu orientieren. Schließlich lebten sie in ihr und waren durch sie auch geprägt.

Vor diese Aufgabe der Orientierung sahen sich durch die Jahrhunderte hinweg alle Generationen von Christen stets neu gestellt. So sind wir heute ebenso mit dieser Aufgabe betraut. Wie kann das geschehen? Ich bin davon überzeugt: Jeder Christ und jede Christin hat etwas zu sagen. Er bzw. sie hat sich von Gott ansprechen, berühren lassen, hat aus der Bibel Gottes Absichten erfahren und will Nachfolger bzw. Nachfolgerin Jesu sein. In der Nachfolge Jesu stehen heißt, in einem geistlichen Lernprozess zu leben. Diese persönlichen Erfahrungen mit Gott können Christen bezeugen und finden sie in der Bibel und durch andere Christen bestätigt. Es sind immer auch Erfahrungen eines Prozesses.

Zu diesem Lernprozess hat Jesus schon damals seine Jünger und alle „Mühseligen und Beladenen" eingeladen (Mt 11,29). Wenn Jesus zur Umkehr aufrief (Luther übersetzte das mit „Tut Buße"), dann steht da im Neuen Testament *metaneueîte*. Dieser Imperativ meint so viel wie: Denkt um, denkt neu, kommt raus aus den eingeprägten Denkmustern. Macht euch auf den Weg, Neues von mir zu lernen, weg von Denk- und Verhaltensweisen, die uns, unser Miteinander, unsere Welt und unsere Beziehung zu Gott zerstören. Damit dürfte auch klar sein: Umdenken hat mit Nachdenken zu tun. Deshalb habe ich immer behauptet, dass Glauben und Dummheit keine Geschwister sind.

Wenn ich von einer Anfangserfahrung des Glaubens als Christ spreche, sehe ich darin auch, dass jeder Christ und jede Christin damit auch schon ein theologisches Grundkapital mitbekommen hat. Das ist ein ungeheurer Fundus. Es wäre töricht, diesen Fundus, dieses geistliche Kapital, ungenutzt zu lassen. Deshalb ist eine Beschränkung auf theologisch geschulte Pastoren eine Geringschätzung dessen, was Gott in *jedes* seiner Kinder hineingelegt hat. Deshalb gibt es in der Nachfolge Jesu keine „Laien".

Wir kennen die Standardsituation: Da sitzen 100 Leute im Gottesdienst und nur einer spricht, und es ist oft genug immer der  oder die selbe. Hier steckt für mich der Ansatz zum Umdenken. Bei aller Wertschätzung der wissenschaftlichen Theologie (von der auch Nichttheologen profitieren!), die Ausbreitung des Evangeliums verdanken wir nicht den Fachtheologen weil sie Theologen sind, sondern wir verdanken ihnen wie auch Millionen anderen Christen die Verbreitung des Evangeliums, weil sie ihren Glauben authentisch gelebt und damit auf ihre Weise Gottes Wort vermittelt haben. Die wissenschaftliche Theologie bringt niemanden zum Glauben. Den allein bewirkt der Heilige Geist durch das Zeugnis der Jünger Jesu. Daher auch mein Plädoyer für ein theologisches Mitdenken durch Christen ohne spezielle theologische Ausbildung. Gerade die erstaunliche Ausbreitung der Freikirchen in Deutschland des 19. Jahrhunderts ging vor allem auf die Predigt von sogenannten „Laien" zurück.

Deshalb wende ich mich als Theologe besonders an Nichttheologen[1], damit sie sich immer wieder den Herausforderungen stellen, die sich mit der Nachfolge Jesu verbinden. Das gilt besonders, wenn sie in der Mitarbeit einer Gemeinde stehen.

Theologie beschäftigt sich in ihrem Kern mit den drei großen Themenkreisen: Gott, Mensch, Welt. Das umfasst alle Fragen unseres Daseins. Es geht um den Sinnzusammenhang unserer Existenz. Warum und mit welchem Ziel sind wir da? Diese Fragen sind nicht nur für Fachtheologen relevant. Jeder, der an Jesus glaubt (oder auch an sonst etwas), erkennt in Politik, Wirtschaft, Literatur oder Kunst immer wieder, wie sich Menschen über ihr und unser aller Dasein mehr oder weniger überzeugend grundsätzliche Gedanken machen und einen Sinnzusammenhang finden möchten.

Christliche Theologie geht dabei von der in der Bibel bezeugten Offenbarung Gottes in Jesus Christus aus. Das ist ihre Mitte, von der aus sie in alle Richtungen zu denken versucht, damit wir unser Leben von Gottes Offenbarung her gestalten können. Die biblischen Texte bieten dazu eine grundsätzliche Orientierung.

Schon aus diesem größeren Zusammenhang heraus rechtfertigt der Glaube keine Oberflächlichkeit. Deshalb erfüllt in diesem Punkt vor allem auch die Theologie für jeden Christen eine wichtige Funktion. Sie bietet die vertiefte Reflexion über biblische Texte und deren Zusammenhänge, über deren Wirkungsgeschichte und über ihre Bedeutung für die Gegenwart.

Dabei arbeitet sie mit den Methoden geisteswissenschaftlicher Forschung. Sie erhellt das Verständnis für die Grundlagen des Glaubens aus jüdisch-christlicher Überlieferung. Sie ist weder eine Gefahr für den Glauben, wie manche befürchten, noch kann sie selbst Glauben bewirken. Sie kann ihn aber unterstützen und ge-

---

1 Auch so ein schreckliches Wort wie „Laien"!

1.

gen alle Formen des Unglaubens und Irrtums abgrenzen. Ich nenne die Theologie gern eine „Hilfswissenschaft des Glaubens". Theologie ohne Glauben ist nach meinem Verständnis sinnlos. Aber umgekehrt ist Glaube ohne Theologie schnell orientierungslos. Er weiß nicht, wo er herkommt und wo er hinführt. Er ist jedem „Wind der Lehre" (Eph. 4,14) und jedem Wind gesellschaftlicher Trends ziemlich hilflos ausgeliefert. Wenn Christen theologische Analphabeten sind, lassen sie sich als leichte Beute irreführen und missbrauchen für abwegige Interessen. Das Beispiel der religiösen Rechten in den USA zeigt, wohin die Reise gehen kann.[2]

Deshalb habe ich etwas gegen orientierungslose und unmündige „Nichttheologen" in den Gemeinden. Denn gerade sie sind als Mitarbeiter im modernen Gemeindeleben die tragende Kernmannschaft. Gerade durch sie wird Außenstehenden, Zweiflern und Unschlüssigen schmackhaft gemacht, dass christlicher Glaube Substanz hat, dem Leben dient und eine lebendige Hoffnung schenkt. Mitarbeiter sind also keine ahnungslosen, nachplappernden Marionetten des Pfarrers, sondern mitdenkende, mitfragende, mitinformierte und mitwirkende lebendige Glieder am Leibe Jesu. Daher mein Wunsch(-Traum) nach einer Art theologischer Grundbildung für möglichst viele Christen. Denn wenn die Theologie unserem Leben als Christen dienlich sein will, dann bedingt dies, dass diejenigen, die „mitten im Leben stehen", sich mit ihren Fragen, Zweifeln und Hoffnungen kompetent einbringen können und hartnäckig mitringen, um nachvollziehbare und wirklich lebbare Antworten. Theologie ist immer auch ein Ringen um ein zeitgemäßes und glaubwürdiges Verständnis der Jesusnachfolge.[3]

Die nachfolgenden Beiträge sind deshalb als Anregungen zu verstehen, scheinbar Selbstverständliches wie auch Ungewöhnliches einmal neu zu durchdenken. Manches mag bruchstückhaft er-

---

2 *Annika Brockschmidt*: Amerikas Gotteskrieger. Wie die Religiöse Rechte die Demokratie gefährdet, Hamburg 2021; *Philip Gorski*: Am Scheideweg. Amerikas Christen und die Demokratie vor und nach Trump, Freiburg 2020.
3 Literaturempfehlungen: *Björn Bücher / Katharina Haubold / Florian Karcher* (Hg.): TheoLAB, Theologie für Nichttheologen. Gott – Mensch - Welt, 2 Bde., Stuttgart 2020/2021; *Siegfried Zimmer*: Schadet die Bibelwissenschaft dem Glauben? Klärung eines Konfliktes, Göttingen 2007.

scheinen und regt zur Vertiefung an, anderes kann zum Widerspruch herausfordern. Aber auch der Widerspruch bedarf einer Begründung. So bleiben wir miteinander in einem lebendigen Prozess der prüfenden Vergewisserung. „Prüft alles, und das Gute behaltet!" (1.Th 5,21) Als sein Gebetsanliegen für die Gemeinde in Philippi formuliert Paulus das so: „Und um das bete ich, dass eure Liebe immer noch reicher werde an Erkenntnis und allem Verständnis, damit ihr zu prüfen vermögt, worauf es ankommt." (Phil 1,9+10) Wir sollen schließlich „keine Unmündigen sein, wie auf Wellen hin und her geworfen, und umhergetrieben von jedem Wind der Lehre." (Eph 4,14) Irrlehren suchen und finden ihre Opfer am besten bei Orientierungslosen. So kann also interessiertes Nachdenken über mancherlei biblische Zusammenhänge unser geistliches Immunsystem stärken. – Und außerdem: Selberdenken macht ohnehin Spaß!

Die hier abgehandelten Themen haben unterschiedliche Anlässe und deren Reflexion zum Hintergrund. Es handelt sich um – jetzt überarbeitete und aktualisierte – ursprünglich eigenständige Vorträge, Zeitschriftenartikel oder Ausarbeitungen für den internen Gebrauch in der Gemeinde. Das begründet auch ihre Verschiedenartigkeit. Die meisten Themen sind angeregt durch langjährige Erfahrungen aus dem Gemeindeleben einer Freikirche. Das ist, wenn es um die angesprochenen Inhalte geht, mit Sicherheit kein Sonderfall in der kirchlichen Landschaft. Manche geistlichen und allzu menschlichen „Standards" werden in ihrer eingeforderten Selbstverständlichkeit hinterfragt. Gerade diese „Standards" – also die scheinbaren Selbstverständlichkeiten im Denken und Handeln – sind oft die eigentlichen Stolperdrähte. Thematisch wird das schnell erkennbar, wenn es um Vergebung und Versöhnung geht, um die verschiedenen Schriftverständnisse, um Zuordnungen in der Frömmigkeits-Landschaft, um Umgangsformen in Konflikten usw. Viele „Standards" bedürfen einer Überprüfung. Sie durch ein Tabu schützen zu wollen, bewirkt erst recht, dass man über sie stolpert – wie man mit Bedauern am „Synodalen Weg" der katholischen Bistümer in Deutschland sehen kann. Eine Denkblockade hat noch nie gut getan. Jesus hat schließlich – wie schon erläutert – nicht ohne

Grund zum Umdenken angeregt. Das hat schon manchen „Aufmüp-
figen" zu allerlei Schlussfolgerungen angeregt. So meinte Galileo
Galilei:[4] *„Ich fühle mich nicht zu dem Glauben verpflichtet, dass
derselbe Gott, der uns mit Sinnen, Vernunft und Verstand ausgestattet hat, verlangt, dieselben nicht zu benutzen."*

Mit diesen Andeutungen lasse ich schon erkennen, dass es sich
hier nicht um ein erbauliches Andachtsbuch handelt. Meine Absicht ist, einer interessierten Leserschaft Anregungen zu bieten. So
kann es bei mancherlei Themen zum Leben als Christ und zum
Gemeindeleben einen erhellenden Perspektivwechsel geben.

---

4   Nach einer ihm zugeschriebenen Aussage.

Vom Atmen der Gemeinde
Der Segen der Kommunikation

1. Allgemeines

1.1 Kommunikation als Alltagsgeschehen

Niemand, der diese Zeilen liest, ist in Sachen Kommunikation ahnungslos. Es ist also nicht so, dass wir hier mit sachdienlichen Überlegungen bei Null beginnen. Wir stehen – bildlich gesprochen – nicht am Beckenrand und überlegen, wie wir uns wohl im Wasser verhalten sollten, sondern wir befinden uns schon längst im Wasser. Hier haben wir bereits allerlei Erfahrungen gesammelt. Ob unsere Schwimmübungen als gelungen anzusehen oder noch ausbaufähig sind, unterliegt einer sehr individuellen Einschätzung.

Kommunikation ist so alltäglich, dass wir sie erleben, ohne ständig darüber nachzudenken. Wir sind Akteure und Betroffene. Mir geht es hier um Alltagskommunikation, die besonders auch unser Glaubens- und Gemeindeleben mit einschließt. Speziell für Interessierte sind die vielen Spielfelder der wissenschaftlichen Kommunikations-Theorien außerordentlich aufschlussreich und auch hilfreich. Neugierige mögen sich über Wikipedia oder andere Informationszugänge damit befassen. Hier aber möchte ich auf einer nachvollziehbaren alltäglichen Ebene bleiben. Da kann sich jeder zu Hause fühlen. Und wie es so im Alltag ist, es gibt immer wieder Dinge, über die wir stolpern, nachdenken und die uns nach Lösungen suchen lassen.

Ein paar Eckpunkte sollten zuvor geklärt sein.

1. Eingeschränkt habe ich die Thematik auf *menschliche Kommunikation*[1] als ein *soziales* Geschehen. Hier wiederum beschränke ich mich auf die Kommunikation zwischen Einzelpersonen und Gruppen. Größere Gemeinschaften oder ganze Bevölkerungsschichten usw. blende ich aus. Da eine christliche Gemeinde soziologisch gesehen eine Gruppe ist, spielen sich in ihr vergleichbare Kommunikations-Prozesse ab wie in anderen Gruppen auch.

2. Vereinfachte Kommunikations-Modelle gehen vom *Sender-Empfänger-Prinzip* aus. Konkret: Ich schreibe dies hier, bin also Sender einer Information. Wer den Text liest, ist der Empfänger. Dadurch geschieht ein Akt der Kommunikation. Bedeutsam ist natürlich, dass die Information vom Empfänger verstanden werden kann. Dieses sehr schlichte Modell ist unzureichend für unsere viel weitergehende Alltagserfahrung. Schon eine Reaktion des Lesers auf meinen Text ist ebenfalls ein Akt der Kommunikation, ausgelöst durch meinen Kommunikations-Versuch und deshalb mit ihm verbunden. Dieser Rückbezug (Redundanz) kann z. B. Anlass für ein sehr interessantes Gespräch werden, das weit über meine schlichte Informationsvermittlung hinausgeht.

3. Damit berühren wir eine weitere Ebene der Kommunikation. Die schon angesprochene Reaktion eines Lesers auf meinen Text kann schließlich recht unterschiedlich ausfallen und durchaus persönlich werden, weil sich jemand z. B. verärgert zeigt. Damit wird deutlich, dass es im Kommunikations-Geschehen nicht nur eine *Sachebene*, sondern auch eine *Beziehungsebene* gibt. Ein Beispiel: „Käptn, wir steuern auf ein Riff zu!", ruft der Schiffsjunge (Sachebene). Antwort des Kapitäns: „Bin ich der Kapitän

---

1 Kommunikation gibt es in vielen Spielarten, so auch unter Tieren, zwischen technischen Systemen, zwischen Staaten usw.

oder du?" (Beziehungsebene).[2] Hier ist in der Reaktion von der Sachebene auf die Beziehungsebene gewechselt worden – ein typischer und sehr häufiger Ausrutscher in der Kommunikation, weil damit in der Sache nichts geklärt oder geregelt wurde. Aber die Beziehung steht nun zur Diskussion, die oft durch diesen Wechsel (Un-Sachlichkeit) belastet wird. Solch ein Ebenenwechsel zeigt sich auch in der gängigen Aussage: „Du hast ja recht, aber *wie* du das gesagt hast..."

4. *Verhalten* als Kommunikation: Wir teilen uns einander mit – nicht nur mit Reden oder Texten. Auch der *nonverbale* Anteil gehört zur Kommunikation. Es ist nicht nur wichtig, *was* ich sage, sondern mit welcher Tonlage, Mimik und Körperhaltung. Wir kommunizieren ohnehin auch ganz ohne Sprache, z. B. wenn wir jemandem zum Gruß die Hand reichen, ihn tröstend in den Arm nehmen, mit einem Wink die Vorfahrt gewähren, beim Zuhören ansehen usw. Somit können wir sagen: Jegliches Verhalten ist als eine Form der Kommunikation anzusehen. Das Verrückte ist: Man kann sich nicht *nicht* verhalten. Denken wir nur an demonstratives Schweigen! Deshalb kann man auch nicht *nicht* kommunizieren.[3] Unser gesamtes Verhalten ist – gewollt oder nicht – eine Mittelung an unsere Umgebung, also Kommunikation.[4]

5. Ein fünfter Punkt wird oft nicht beachtet. Fachleute nennen ihn *Metakommunikation*. Damit ist mindestens zweierlei gemeint:

   Einmal, dass wir die Kommunikation selbst *direkt* zum Thema machen (so auch mit diesem Text). Also wir reden darüber, wie wir miteinander reden. Zum anderen, spielt sich Metakommunikation auch *indirekt* ab im Sinne von „Ich denke, was du denkst". Wir glauben zu wissen, was im anderen vor-

---

2   Vergleichbare Gespräche kann man sich zwischen Fahrer/in und Beifahrer/in vor einer Ampel vorstellen. Interessant ist, was alles aus der eigentlich ganz sachlichen Beifahrerbemerkung „Es ist grün" werden könnte.

3   *Paul Watzlawick u.a.:* Menschliche Kommunikation, Bern/Stuttgart/Wien (9. Aufl.) 1996, 53.

4   Nach Paulus sind wir ein Brief Christi (2.Kor 3,3), „erkannt und gelesen von allen Menschen". Wir *sind* es, ob wir wollen oder nicht!

geht – ein sehr irrtumsträchtiges Unternehmen, obwohl wir darauf gar nicht verzichten können. Wie irrtumsträchtig das ist, zeigt Paul Watzlawicks bekannte Geschichte vom „Mann mit dem Hammer":

Ein Mann will ein Bild aufhängen. Den Nagel hat er, nicht aber den Hammer. Der Nachbar hat einen. Also beschließt unser Mann, hinüberzugehen und ihn auszuborgen. Doch da kommt ihm ein Zweifel: Was, wenn der Nachbar mir den Hammer nicht leihen will? Gestern schon grüßte er mich nur so flüchtig. Vielleicht war er in Eile. Vielleicht hat er die Eile nur vorgeschützt, und er hat was gegen mich. Und was? Ich habe ihm nichts getan; der bildet sich da etwas ein. Wenn jemand von mir ein Werkzeug borgen wollte, ich gäbe es ihm sofort. Und warum er nicht? Wie kann man einem Mitmenschen einen so einfachen Gefallen abschlagen? Leute wie dieser Kerl vergiften einem das Leben. Und dann bildet er sich noch ein, ich sei auf ihn angewiesen. Bloß weil er einen Hammer hat. Jetzt reicht's mir wirklich. – Und so stürmt er hinüber, läutet, der Nachbar öffnet, doch bevor er „Guten Tag" sagen kann, schreit ihn unser Mann an: „Behalten Sie Ihren Hammer, Sie Rüpel!" [5]

6. Interessant ist noch eine häufige Art der Kommunikation, die Fachleute *paradoxe Kommunikation* nennen. Damit ist gemeint, dass Reden und Verhalten (s. Punkt 4) sich widersprechen – eine durchaus oft zu beobachtende Weise bei Politikern und leider auch bei frommen Leuten. Jesus kann davon ein Lied singen (siehe Weherufe Jesu über die Schriftgelehrten und Pharisäer, Mt 23,13-36).

Diese sechs angesprochenen Punkte scheinen mir informativ und hilfreich genug zu sein, um sich mit dem Thema der Kommunikation angemessen sachgerecht auseinandersetzen zu können.

1.2. Vom Wert der Kommunikation

Schon als Neugeborene haben wir die wärmende und nährende Zuwendung der Mutterbrust genossen. Das war Kommunikation vom Anbeginn unseres Lebens. Und sie war lebensnotwendig. Kom-

---

5 *Paul Watzlawick*, Anleitung zum Unglücklich sein, München 1983, 37.

munikation gehört zu unserer „Menschwerdung".[6] Alle Entwicklungsprozesse als Säugling, Kleinkind, Schüler, Jugendlicher usw. sind ohne Kommunikation undenkbar. Das gilt im positiven wie negativen Sinne. In jedem Fall ist sie unverzichtbar.

Wenn ich von der „Menschwerdung" durch Kommunikation spreche, dann meine ich die Gesamtheit unserer Persönlichkeitsentwicklung, die erst mit unserem Tod ihren Abschluss findet. Die Vermittlung von Wissen und Fähigkeiten bedarf der Kommunikation. Faktenwissen eignen wir uns vor allem über Kommunikation in der Schule und Ausbildung an. Dabei ist zu beachten, dass soziales Lernen schon ab unseren ersten Lebenswochen bis ins Alter hinein scheinbar „ganz nebenbei" geschieht. Alles, was wir an Ideen und Gedanken aufschnappen, Beobachtungen am Verhalten anderer, Meinungen, die uns anregen oder ärgern, kommen per Kommunikation zu uns und bleiben mehr oder weniger bei uns hängen. Sie werden Teil von uns, prägen uns und befähigen uns urteilsfähig zu werden. So ist praktisch unser ganzes Leben ein Lernprozess. Den können wir uns nicht denken ohne die Anteile, die andere Personen daran haben.

Natürlich sind das Binsenweisheiten. Es tut aber gut, sich einmal im eigenen Leben all die Felder praktischer Kommunikation bewusst zu machen. Dabei werden uns sicher auch manche negative Erfahrungen ins Blickfeld geraten. So kann Kommunikation natürlich der Manipulation dienen, der Unterdrückung, der Abgrenzung voneinander, der Verbreitung von Unwahrheiten und

---

6 Vgl. das Sprachexperiment Friedrichs II. (1194-1250). „Der Kaiser wollte die ursprüngliche Sprache der Menschheit herausfinden. Deshalb ließ er einige neugeborene Kinder ihren Müttern wegnehmen und an Pflegerinnen und Ammen übergeben. Sie sollten den Kindern Milch geben, dass sie an den Brüsten saugen könnten, sie baden und waschen, aber keinesfalls mit ihnen kosen und zu ihnen sprechen. Er wollte nämlich untersuchen, ob sie (nach ihrem Heranwachsen) die hebräische Sprache sprächen, die älteste, oder die griechische oder die lateinische oder die arabische oder aber die Sprache ihrer Eltern, die sie hervorgebracht hätten. Aber er mühte sich umsonst, weil alle Kinder starben ... Denn sie können ohne das Patschen und das fröhliche Grimassenschneiden und die Liebkosungen ihrer Ammen und Ernährerinnen nicht leben." (aus *Eberhard Horst*, Friedrich der Staufer, München 1975; zitiert nach: https://www.spektrum.de/lexikon/psychologie/waisenkinderversuche/16645).

des Hasses. Kommunikation ist so gut oder schlecht wie wir Menschen sind und miteinander umgehen.[7] Sie ist also kein ungesteuerter Selbstläufer, sondern bedarf der Verantwortung im Umgang mit ihr. Sonst wird sie zur Waffe, die Menschen irreführen und zerstören kann.

Damit wird auch sichtbar, dass wir selbst eine Rolle spielen im Kommunikations-Geschehen, eine aktive und auch eine passive. Das vermittelt uns im Gefüge menschlichen Miteinanders etwas über unseren eigenen „Stellenwert" darin. Positive Rückmeldungen durch andere bauen uns auf, können uns Wertschätzung, Anerkennung und Zuneigung zeigen. Das ist gut für unser Selbstvertrauen, ermutigt und öffnet uns für neue Begegnungen und Aufgaben. So merken wir, dass Begriffe wie Treue, Glaubwürdigkeit, Gemeinschaft, Hilfsbereitschaft, Feiern, Fürsorge, Freundlichkeit usw. zu unserem Menschsein gehören und nur verschiedene Ausformungen von Kommunikation sind.

Die Umkehrung der Kommunikation ins Negative gehört sicher auch zu unserer Erfahrung. Abweisende Rückmeldungen oder ätzende Bemerkungen und Verhaltensweisen ziehen nach unten, entmutigen uns, machen uns klein nicht nur vor anderen, sondern auch vor uns selbst. Hass, Neid, Verrat, Gewalt, Unwahrheit usw. sind negative Kommunikationsweisen. Sie schaden – und das ist meine These – nicht nur dem Opfer, sondern immer auch dem Täter. Der nimmt Schaden an der eigenen Seele.[8] Wir merken, wie unser eigenes Verhalten auf uns selbst und andere einwirkt, gewollt oder ungewollt. Wir tragen dafür Verantwortung.

---

7 Auf das durchaus wichtige Thema des (oft übermäßigen) Umganges mit Kommunikations-Techniken und ihrer Folgen kann ich hier nicht eingehen. Ein Gedanke als These sollte vielleicht hängen bleiben: Ein Zu-Viel ist in der Wirkung ein Zu-Wenig. Zu viel Information verwirrt und macht ratlos. Zu viele Sozialkontakte gleiten ab in die Oberflächlichkeit der Beziehungen.

8 Als Abwandlung eines biblischen Sachverhaltes, in dem es um Reichtum geht (Jesus: „Was nütz es dem Menschen, wenn er die ganze Welt gewönne, aber Schaden nimmt an der eigenen Seele?" Lk 9,25), kann man sicher auch zu recht sagen: Was nützt es einem Menschen, wenn er mit seiner Gemeinheit andere Menschen erniedrigt? Seine Gemeinheit ist Ausdruck einer mehr und mehr zerfressenen Seele.

1.3. Kommunikation gehört zur Menschenwürde

Als letzten Punkt möchte ich das anfänglich benutzte Bild vom Schwimmbad aufgreifen. Stellen wir uns vor, wir stünden im Becken, aber es enthält überhaupt kein Wasser. Wir stehen darin und fühlen uns völlig fehl am Platz. Das, was wesensmäßig zu unserem Menschsein gehört, ist nicht da. Das erleben Menschen in Einsamkeit und Isolation, ob im Alter, im Gefängnis, in Krankheit oder Obdachlosigkeit. Wer ihnen begegnet, kann ihren Hunger nach Kommunikation erleben. Ihren Seelen fehlt der frische Atem der Begegnung mit Menschen, die sich ihnen zuwenden. Damit habe ich aber nur Menschen angesprochen, bei denen die Situation offensichtlich ist. Häufig bemerken wir gar nicht, wer in unserem Einflussbereich ebenfalls unter Einsamkeit und Isolation leidet. Viele schämen sich dessen auch. Wer will schon zeigen, dass er sich als Verlierer, als Abgehängter und Ausgegrenzter sieht.

Wenn uns klar ist, wie sehr wir auf Zuwendung – in diesem Fall also auf positive Kommunikation – angewiesen sind wie auf das Atmen zum Leben, dann wird uns umso deutlicher, welch gemeine Waffe der bewusste Entzug der Kommunikation sein kann. Die positive Teilhabe am Leben anderer und anderer an meinem Leben ist für uns unverzichtbar. Damit wird deutlich, welche herabwürdigende Kraft der Entzug dieser Teilhabe hat. Wir kennen dieses „die reden nicht mehr miteinander". Das mag im akuten Konfliktfall nachvollziehbar sein. Auf Dauer zerstört das nicht nur die Beziehung, sondern kratzt stets auch an den Seelen der jeweils Beteiligten.

Bewusst zur Zerstörung eines Menschen wird die Verweigerung der Kommunikation in der Isolationshaft eingesetzt. Aber auch beim Mobbing im Beruf ist dies eine Waffe. Wenn ein Mitarbeiter von allen anderen gemieden und von Informationen abgeschnitten wird, wird er früher oder später keinen für sich gangbaren Weg mehr sehen und zusammenbrechen. Vielleicht schafft er es noch, zum Selbstschutz die Firma zu verlassen. Aber die Ungeheuerlichkeit der Wirkung von Kommunikations-Verweigerung und deren Folgen für eine menschliche Existenz dürften klar sein.

Mit diesem Negativbeispiel möchte ich darauf hinweisen, dass wir mit unserem Thema keine Belanglosigkeit zur Sprache bringen. Es geht – genau genommen – um unsere menschliche Würde, um unser Leben!

2. Kommunikation als Grundlage des Glaubens

Dass unser Thema grundlegend ist für unseren christlichen Glauben, will ich in einigen Punkten deutlich machen. Das soll und kann nicht erschöpfend sein. Aber meine These lautet: Kommunikation ist die Säule unseres Glaubens schlechthin. Zu den Säulen des Glaubens würden wir viel eher anderes benennen wie die Rechtfertigung des Sünders durch Jesu Kreuzestod oder Gottes Liebe zu uns Menschen oder natürlich Inhalte der Bibel wie die Zehn Gebote. Das alles soll damit nicht abgeschwächt werden, im Gegenteil: Alle genannten Glaubensinhalte beruhen auf Kommunikation. Sie wären ohne Kommunikation nicht denkbar. Das will ich erläutern.

2.1. Gott redet mit uns durch Wort und Geist

Die Bibel macht uns deutlich: Es ist von Anfang an Gottes Absicht, mit uns Menschen zu kommunizieren. Gottes Reden und Handeln *ist* Kommunikation. Schon die ersten Seiten der Bibel machen das deutlich. Gott spricht und es geschieht. Er bildet den Menschen und spricht mit ihm. Er begleitet alle Generationen der Urväter und des Volkes Israel durch sein Reden und Handeln. Jesus lebt und redet mit seinen Jüngern. Seine Verkündigung ist schlichtweg Kommunikation, was sonst? Sein Handeln ebenfalls. „Im Anfang war das Wort ... Ohne das Wort ist nichts geworden ... Und das Wort ward Fleisch und wohnte unter uns". (Joh 1,1ff.)

Bleiben wir einmal bei der Bibel selbst. Bei allen verschiedenen und manchmal strittigen Vorstellungen über die Definition „Wort Gottes" bleibt eindeutig: Durch das Wort der Bibel will Gott mit uns reden. Das ist die „Hauptebene" der Kommunikation Gottes mit uns (s. ab S. 89, „Stolperstein Bibelverständnis"). Durch die Bibel reden aber auch Menschen verschiedenster Zeiten und Situationen zu uns, um uns ihre Gotteserfahrungen mitzuteilen, damit auch wir glauben können. Das ist eine weitere Ebene der Kommunikation. Vielen Texten der Bibel können wir schon entnehmen, dass sie von vorherin mit der Absicht verfasst wurden, ganz bestimmte Leser zu erreichen. So richtet sich Paulus in seinen Briefen direkt an ganz bestimmte Gemeinden oder Personen mit einer jeweils besonderen Absicht.

Dass wir die Bibel überhaupt haben, ist eine Folge von vielfältigster Kommunikation, denn Menschen haben die Geschichten weitererzählt, um ihren Inhalt anderen zu vermitteln. Wieder andere haben sie aufgeschrieben, andere haben die Texte abgeschrieben, um sie zu verbreiten oder zu bewahren. Wieder andere haben Abschriften gesammelt, gesichtet usw. Forscher haben alte Abschriften gesucht, übersetzt und uns zugänglich gemacht. Bis in unsere Gegenwart ist die Überlieferung der Bibel ein wunderbarer Akt der Kommunikation unter Beteiligung sehr vieler Menschen bis hin zu den Verlagen, die die Bibelausgaben veröffentlichen. Es ist unverkennbar: Mit der Bibel haben wir ein geradezu überwältigendes Dokument der Kommunikation vor uns.

Nicht angesprochen habe ich noch die vielen anderen Möglichkeiten der Kommunikation, die schon in der Bibel Erwähnung finden. Ob es nun Engel sind, die Maria oder den Hirten etwas mitteilen. Ob es ein Traum ist, der Paulus und seine Mitstreiter auf Mazedonien als ihr neues Ziel hinweist. Ob der Heilige Geist, der Tröster, die Jünger Jesu in alle Wahrheit leiten wird usw. Stets haben wir es mit einer „göttlichen Kommunikations-Absicht" zu tun.

Ohne die Bibel wäre unser Glaube ohne Substanz, ohne Information zu Gottes Wesen und Absichten mit uns Menschen. Ohne sie würden wir allein bleiben mit unseren klugen oder weniger klugen Vorstellungen vom Sinn unseres Daseins. Ohne sie blieben wir ohne Korrektur für unsere menschliche Ethik. Ich sage es einmal so: Ohne sie wären wir mutterseelenallein in einem kalten Weltall.

2.2. Gebet: Wir reden mit Gott

Wenn ich von Gottes Reden mit uns schwärme, so will ich auch auf *unser* Reden mit Gott in dieser Kommunikation verweisen. Das Gebet ist uns ausdrücklich gegeben, um Gott als unseren Vater anzusprechen. Das ist typisch für eine gelungene Kommunikation, wenn beide Seiten darin ihre gemeinsame Beziehung ausdrücken. Gebet ist Kommunikation auf der Beziehungsebene. Typisch dafür ist, dass Gott uns nicht nur *etwas* mitteilen will (Sachebene), sondern er teilt *sich* mit (Beziehungsebene). In Jesus entäußerte er sich selbst und wurde Mensch wie wir. (Phil 2,7ff.) In dieser Beziehung können wir von unserer Seite unser ganzes Leben vor Gott ausbreiten, unsere Dankbarkeit, unsere Pläne, unsere Bitten, unsere Freude, unsere Ängste, unsere Ratlosigkeit, auch unsere Zweifel. Alles, was wir erleben und was uns bewegt, hat im Gespräch mit Gott seinen Platz. Natürlich wissen wir um den unendlichen Unterschied zwischen Gott und uns. Aber gerade das zeichnet Gottes Wunsch nach Nähe zu uns aus, dass *er* es ist, der uns ausdrücklich ermutigt, mit ihm zu reden. Schlichter, einfacher und geradliniger kann eine Beziehung nicht sein, als dass wir miteinander über alles reden, was uns angeht. Gott tut es auf seine Weise, wir auf die unsere.

Schmerzlich ist es für uns, wenn wir den Eindruck haben, dass diese Kommunikation gestört ist. Wir haben manchmal das Empfinden, dass Gott schweigt. Manch einem Psalmbeter ging es ebenso. Oder wir selbst haben keinen Zug zum Gebet aus irgendwelchen Gründen. Eine gestörte Kommunikation ist stets unbefriedigend und drängt geradezu nach einer „Heilung der Beziehung". So zeigt sich, wie sehr wir auf eine intakte Kommunikation zwischen Gott und uns angewiesen sind, wenn wir als seine Kinder im gesunden Glauben leben wollen.

2.3. Wir vermitteln den Glauben durch Kommunikation

Jeder Leser mag sich bitte einmal fragen, welche Personen eine Rolle spielten, um selbst an Jesus glauben zu können und auch im Glauben zu wachsen und zu reifen. Der Sammelbegriff „Verkündigung" ist ein typischer Kommunikations-Begriff. Darunter können wir das persönliche Glaubenszeugnis eines Menschen verstehen, die Predigt eine Pastors, das Vorbild eines glaubwürdigen Christen usw. Wahrscheinlich – so war es bei mir – spielen viele Menschen im Laufe der Zeit eine Rolle, die uns den Eindruck vermittelten, dass es sinnvoll ist, sich ganz auf Jesus einzulassen. So erinnert Paulus an diesen Kommunikations-Vorgang im eben beschriebenen Zusammenhang: „Und sie [die zum Glauben Eingeladenen] können nur zum Glauben kommen, wenn sie die Botschaft gehört haben. Die Botschaft aber können sie nur hören, wenn sie ihnen verkündigt worden ist. Und sie kann ihnen nur verkündigt werden, wenn Boten mit der Botschaft ausgesandt worden sind." (Röm 10,14f.)

Auch wenn jemand sagt, er sei allein durch das Bibellesen zum Glauben gekommen, dann ist das – wie oben schon beschrieben – Teil eines handfesten Kommunikations-Geschehens.

Der Anstoß zum Glauben, die Vermittlung von Glaubensinhalten, der Austausch über Glaubenserfahrungen, der Beistand in Glaubenskrisen, alles das ist nicht denkbar ohne Personen, die sich auf uns eingelassen haben. Umgekehrt sind wir nun selbst ein „Brief Christi ... erkannt und gelesen von allen Menschen ... geschrieben mit dem Geiste Gottes ... auf flescherne Tafeln des Herzens" (2.Kor 3,2ff.), ob wir das wollen oder nicht. Wir sind somit selbst Kommunikatoren und damit auch in der Verantwortung dafür, ob wir jemandem eine Hilfe zum Glauben sind oder nicht. Jede Predigt, jedes Kirchencafé, jeder Hauskreis, jeder Schaukasten vor unserer Kirche, aber auch unser Berufs- und Privatleben – in allem sind wir Kommunikatoren als Brief Christi. Ob wir das gut oder schlecht hinbekommen, ist eine andere Sache. Das ändert aber nichts an der Tatsache selbst.

Schauen wir in die Geschichte der Christenheit insgesamt, so zeigt sich eine geradezu atemberaubende Kommunikations-Kette über alle Irrungen und Wirrungen hinweg, die bis zu uns den Kern christlichen Glaubens überliefert und vermittelt hat. Wir können an Jesus glauben, weil andere für uns „Briefe Christi" waren. Nun sind wir selbst Teil dieser Kommunikations-Kette.

3. Kommunikation als Atmen der Gemeinde

Warum habe ich den Titel „Vom Atmen der Gemeinde" gewählt? Weil ich zutiefst davon überzeugt bin, dass schon aus den oben genannten Gründen eine Gemeinde ohne Kommunikation gar nicht erst existieren würde. Und eine bestehende Gemeinde könnte ohne Kommunikation nicht überleben. Kommunikation ist das Atmen der Gemeinde. Damit dürfte klar sein: Wenn die Kommunikation in einer Gemeinde gedrosselt wird, leidet sie an Sauerstoffmangel und verliert langsam ihre Lebensfähigkeit.

3.1. Wir teilen uns einander mit

Wie in der Einleitung schon gesagt, ist eine Gemeinde soziologisch gesehen eine Gruppe. Es gibt keine Gemeinsamkeit zwischen mehreren Personen ohne Kommunikation, sonst könnte man sie nicht als Gruppe bezeichnen. Wie darin ein Mönchsorden mit einem Schweigegelübde einzuordnen ist, mag ich hier nicht beurteilen.

Eine Gruppe vertritt stets Gemeinsamkeiten. Diese bedürfen der Übereinstimmung und somit auch der Absprache. Es muss geklärt werden, was gemeinsam vertreten wird, wer zur Gruppe gehören kann und wer nicht. Damit ist schon klar, dass es eine Grundstruktur der Kommunikation geben muss. Da ist es egal, ob es sich um eine spontane Gruppe handelt, die ein Straßenfest organisiert, um einen Handballverein oder um eine freikirchliche Gemeinde. Nur sind eben die gemeinsamen Interessen und Absprachen jeweils unterschiedlich.

Es wäre aber zu kurz gegriffen, die Kommunikation der Gruppenmitglieder nur auf die „Geschäftsgrundlage", also ausschließlich auf das Nachbarschaftsfest, den Handball oder auf Glaubensinhalte zu beschränken. Typisch für jede Gruppe sind auch die persönlichen Beziehungen, die durch die Gruppeninteressen entstehen. So sachlich wie wir uns gern geben, sind wir gar nicht, wenn es um „unsere" Gruppe geht. Wir möchten uns wohl fühlen. Wir lieben eine aufgeschlossene, einladende Atmosphäre. Wir arbeiten gern mit Menschen zusammen, die teamfähig, einfühlsam und zuverlässig sind. Wir suchen die Gemeinschaft mit denen, die uns auch in der Sacharbeit nahe sind. Allein wegen des „Betriebsklimas" ist dies wünschenswert. So erfahren wir mehr übereinander und miteinander als es der sachliche Gruppenzweck abdecken würde. Familie, Gesundheit, Freizeitaktivitäten usw. sind Gesprächsinhalte „so ganz nebenbei" und damit wesentlich für die Beziehungsebene in der Gruppe.

Wer einmal – vielleicht im Urlaub – einen Gottesdienst in einer ihm fremden Kirche besucht hat, bei dem nichts anderes an Kommunikation geschah als das, was der Pfarrer tat, geht wahrscheinlich etwas unterkühlt wieder seiner Wege. Anders, wenn er vom Banknachbarn begrüßt wurde oder ihn jemand nach dem Gottesdienst nach dem Woher fragte.

So scheint mir eine Gemeinde undenkbar, in der das Miteinander nur vom „Betriebsablauf" bestimmt ist ohne die menschliche Nähe und Wärme, die wir einander gönnen. Aber selbst der bloße Betriebsablauf hat in der Praxis seine Tücken und Unebenheiten, die sich viel einfacher beheben lassen, wenn die Akteure vertrauensvoll miteinander agieren können.

3.2. Wir glauben gemeinsam

Schon oben habe ich versucht zu klären, dass wir nur auf Grund von Kommunikation zum Glauben fanden. Genau darin liegt auch das Geheimnis, dass wir Glaubende bleiben. Denn Glaubende sind wir im Sinne des Neuen Testamentes stets nur gemeinsam, also als Gemeinde. *Kononía* (griechisch für Gemeinschaft) ist einer der Grundbegriffe im Neuen Testament und fast synonym (gleichbedeutend) gebraucht für *ekklesía* (griechisch für Gemeinde). Wenn wir einmal von dem äthiopischen Finanzminister absehen (der wahrscheinlich in seiner Heimat eine Kirche gegründet hat), kommt im Neuen Testament kein „Einzelchrist" vor. Den gibt es gar nicht, denn jeder einzelne Christ steht auf dem Boden derer, die vor ihm glaubten und ihn erst zum Glauben anregten (siehe oben 2.3.). Gemeinde ist „Gemeinschaft der Heiligen" (Apostolisches Glaubensbekenntnis) und „Gemeinschaft des Leibes Christi". (1.Kor 10,16) Das Vaterunser kann man genau genommen nur in Gemeinschaft beten. In allen Aussagen und Bitten stehen die Beter im Plural, nie allein („*Unser* Vater ... *unser* täglich Brot ... vergib *uns unsere* Schuld wie auch *wir* vergeben *unseren* Schuldnern ..." usw.).

So wie Gott sich uns mitgeteilt hat und immer noch mitteilt, so teilen wir uns auch gegenseitig mit. Jedes Taufzeugnis, jede Möglichkeit zur Anteilnahme im Gottesdienst, aber auch jede Anregung zur Fürbitte oder jede seelsorgerliche Begleitung sind Mitteilungen menschlicher Nähe aus dem Glauben heraus. Wir glauben einander den Glauben, wenn wir uns als Schwestern und Brüder in Christus ansehen und dem auch Ausdruck verleihen im Umgang miteinander. Alles dies ist geistliche Kommunikation, vom Glauben geprägt, den Glauben fördernd, zum Glauben einladend.

3.3. Wir tauschen Ideen aus

Wo Menschen miteinander umgehen, wandern Gedanken, Ideen, Eindrücke und Meinungen hin und her. Es ist im besten Sinne ein zwitscherndes Netzwerk gegenseitiger Anregungen. Teilhabe am gemeinsamen Glauben ist auch Teilhabe am Glaubens-Leben, am Gestalten gemeinsamer Glaubensäußerungen. Lebendige Gemeinde ist schon deshalb kommunizierende Gemeinde, weil sich möglichst jeder einbringen kann und sollte, um das Gemeindeleben mitzugestalten. Anregungen des Heiligen Geistes sind keine Auszeichnungen für Einzelkämpfer, sondern Impulse, die der ganzen Gemeinde zugutekommen.

Brainstorming ist ein beliebtes Mittel, um in Gruppen Lösungen für bestimmte Aufgaben oder Probleme zu entwickeln. Zuerst kann jeder seine Ideen zum Thema völlig frei äußern. Erst danach werden die gesammelten „Roh-Ideen" gesichtet, gewertet, gebündelt und zu Aufgabenstellungen formuliert. Mir geht es hier um den zusätzlichen Effekt, der gegenseitigen „Zündung": Eine Idee regt eine weitere an, ein verwandter Nebengedanke ergänzt das Bisherige, dies wiederum lässt einen weiteren Gedankenblitz aufleuchten. Das kann über etliche Stationen laufen. Als Ergebnis haben die Teilnehmer etwas vor sich, das niemand allein hätte entwickeln können. Man kann auch sagen: Ideen regen Ideen an.

Eine lebendige Gemeinde kann so ein Netzwerk von kreativen Ideengebern sein. In diesem Netzwerkt kommt es dann zu wünschenswerten „Zünd-Effekten". Das ist nur im Sinne einer Gruppenstrategie möglich und erfolgreich. Wenn wir einmal ganz real die Wirkung des Heiligen Geistes als Impulsgeber mit einbeziehen, sind den Zünd-Effekten kaum noch Grenzen gesetzt. Wie aber sollte das Wirklichkeit werden ohne dieses kommunikative Netzwerk in der Gemeinde?

3.4. Wir korrigieren einander

Wenn wir nach dem Ziel jeglicher Verkündigung fragen, lässt sich das mit folgenden Punkten deutlich machen: Verkündigung soll Glauben wecken, Glauben fördern und Glauben bewahren (wie schon oben in 3.2. angedeutet). Das Ganze ist jeweils auf dem Boden einer klaren biblischen Lehre zu verstehen. Dabei ist wichtig zu sehen, dass über die Verkündigung hinaus alle Lebensäußerungen der Gemeinde diesem Ziel dienen. Aber was hat das mit der gegenseitigen Korrektur zu tun?

Eine Ansammlung kreativer Ideengeber können wir uns auch ziemlich chaotisch vorstellen. Eine Idee ist ja nicht deshalb gut und dem Glauben und der Gemeinde förderlich, nur weil wir sie haben. Schon beim oben zitierten Brainstorming tritt in einem späteren Teil des Ablaufes eine Korrekturphase ein. Die Vorschläge werden nach unterschiedlichen Gesichtspunkten gesichtet. Da kann es um Dringlichkeit gehen, Machbarkeit, Finanzierbarkeit, den notwendigen Mitarbeitereinsatz oder ob das Ganze förderlich für die Entwicklung der Gemeinde sei.

Korrektur ist also nicht gleichbedeutend mit abschmetternder Kritik. Sie dient vielmehr der Steuerung wie eine Kurskorrektur bei einem Schiff, das ja schon auf dem Weg zum Ziel ist, dabei aber nicht immer nur geradeaus fahren kann. Bei Paulus ist das auffällig in seinen Briefen, wie er sich um solche Korrekturen bemüht, damit keine Gemeinde Schiffbruch erleidet.

Deshalb bedarf eine Gemeinde stets der Selbstkontrolle, wie schon zu Zeiten des Neuen Testamentes. Sie muss sich ihres Kurses vergewissern. Machen wir uns nichts vor, wir leben – bildlich gesprochen – in einem Meer von Meinungen, Einflüssen, scheinbaren oder tatsächlichen Notwendigkeiten, die alle auf unseren Kurs einwirken. Die Kirchengeschichte bietet ausreichend Beispiele kirchlicher Fehlentwicklungen. Die eigene Geschichte einer Ortsgemeinde wird davon ebenfalls nicht frei sein.

Ich will das nicht vertiefen, sondern nur deutlich machen, dass entsprechende Korrekturen Gemeindesache sind, also eine Kommunikations-Aufgabe. Wo es Aufgaben und Ideen dazu gibt, muss auch Steuerung vorhanden sein. So bedingt beides einander: Ein gutes Netzwerk von Ideengebern benötigt stets auch die Gemeinde als Korrektur-Netzwerk. So ist das Eine wie das Andere eine Kommunikations-Aufgabe. Wir brauchen einander und müssen miteinander reden. Schon seit der Zeit der Täuferbewegung haben ähnliche freikirchliche Bewegungen stets großen Wert auf die Verantwortung aller Gemeindeglieder für die Belange der Ortsgemeinde gelegt. In der Theologie nennt man diese Gemeindeform „Kongregationalismus".

3.5. Wir entwickeln gemeinsam Aufgaben, lösen Probleme usw.

Eigentlich ist schon alles zu diesem Unter-Thema gesagt. Das Problem ist, dass es dazu einer Struktur bedarf. Es gibt verschiedene Gemeindemodelle, die der beschriebenen Aufgabenstellung gerecht werden wollen. Extrempositionen wären: Die einen lassen alle alles machen und merken bald, dass Chaos auch nicht der Weisheit letzter Schluss ist. Die anderen organisieren eine Gemeinde so strikt durch, als wäre sie ein Dax-Konzern mit einer eindeutigen Hierarchie, in der die Kommunikation von oben nach unten verläuft und nicht umgekehrt oder querbeet, also alles andere als kongretionalistisch.

Bedenken wir: Eine lebendige – eine „atmende" – Gemeinde ist, wie oben dargestellt, ein Netzwerk der Kommunikation von Glaubenden. Damit dürfte zweierlei grundlegend sein:
1. Sie bedarf in ihrer Organisations-Struktur einer umfassenden und freien Kommunikation in jeder Hinsicht. Nur so entwickeln sich die notwendigen Ideen in einem weiten Horizont.
2. Sie benötigt eine Steuerungs-Instanz, die diese Kommunikation fördert, bündelt und ausrichtet auf die jeweiligen bisherigen oder neuen Notwendigkeiten. Diese Steuerung kann nur gelingen, wenn sie in Kommunikation mit der übrigen Gemeinde verständlich und nachvollziehbar vermittelt wird. Das würde logischerweise auch die Motivation zur Mitarbeit fördern.
Damit vertrete ich keine organisatorische Vorgabe, sondern lediglich einen Rahmen, in dem die größtmögliche Entfaltung aller Gemeindeglieder gefördert werden kann. Dies müsste allerdings auch

durchgehend der Grundgedanke bleiben bei der Entwicklung einer organisatorischen Gemeindestruktur. Biblische Beispiele dazu haben wir.

4. Grundlegende biblische Beispiele

Im Neuen Testament gibt es nicht das eine Gemeindemodell, das für alle gelten muss. So ist die Gemeinde in Jerusalem völlig anders geprägt als die der Korinther. Ähnliches könnten wir im Vergleich zwischen den Gemeinden in Rom und Philippi feststellen. Es macht auch keinen Sinn, moderne Einsichten zur Kommunikation in einer Rückübertragung auf neutestamentliche Gemeinden projizieren zu wollen, so als könnten wir Heutiges mit Damaligem legitimieren. Gott hat uns aufgegeben, stets neu zu bedenken, wie wir als Gemeinde Jesu in der jeweiligen Zeit und Kultur unserem Auftrag entsprechen können. Wir können im Neuen Testament aber Grundzüge entdecken, die die Bedeutung einer förderlichen Kommunikation aufzeigen.

So ist gleich anfangs der Apostelgeschichte als typisches Merkmal der jungen Gemeinde beschrieben: „Sie blieben aber beständig in der Lehre der Apostel, in der Gemeinschaft, im Brechen des Brotes und im Gebet ... Alle Gläubigen waren beisammen und hatten alles gemeinsam." (Apg 2,42.44)

Umgekehrt wird ein Mangel an Kommunikation erkennbar. Er ist Grund zur Klage über die Vernachlässigung der griechischen Witwen, wenn es um deren Versorgung ging. (Apg 6,1) Das Murren der Vernachlässigten zeigt, dass schon ziemlich viel Dampf im Kessel war, also erst mit schmerzlicher Verzögerung darüber gesprochen wurde.

Wohltuend ist der Umgang mit einem ernsthaften Konflikt. Petrus hatte einen Heiden getauft. (Apg 10.47f.) Dieser offensichtliche „Regelverstoß" wurde als solcher von den Brüdern in Jerusalem klar und ernsthaft angesprochen. (Apg 11,2f.) Petrus schilderte ihnen sein Erleben mit der Corneliusbegegnung. „Als sie dies hörten, beruhigten sie sich und priesen Gott." (Apg 11,17) Miteinander reden, zuhören und sich in die Lage des Anderen versetzen, ermöglicht offensichtlich Einsicht und Verständnis füreinander.

Anders verlief das Ende der gemeinsamen Missionsarbeit zwischen Paulus und Barnabas. Sie trennten sich im Zorn und hatten sich nicht mehr viel zu sagen. (Apg 15,39) Mir scheint, hier sind die Kommunikationsbemühungen des seelsorgerlich bedachten Barnabas bei Paulus auf taube Ohren gestoßen.

Wer sich jetzt auf die Suche macht nach weiteren Beispielen, wird aus dem Staunen nicht mehr herauskommen. Versprochen!

4.1. 1.Kor 12: Von den Geistesgaben und dem Leib mit seinen Gliedern

Ein Beispiel möchte ich intensiver betrachten. Das bekannte Kapitel 12 aus dem 1. Korintherbrief wird in der Regel häppchenweise betrachtet. Entweder wird der Bereich „Geistesgaben" (12,1-11) behandelt oder der Block „geistliche Ämter" (12,38-31). Dass dazwischen angeordnete „Bild vom Leib und seinen Gliedern" (12, 12-27) wird ohne seine Einbettung in die beiden anderen Teile erörtert. Leider wird dadurch die Absicht des Paulus undeutlich, denn das Bild vom Leib ist Bestandteil der Äußerungen über die Geistesgaben und ihren Einsatz in der Gemeinde. Das ergibt sich schon aus der Einbettung dieses Bildes zwischen die beiden anderen Teile. [*Bitte das Kapitel lesen!*]

Warum ist dieses Kapitel so bedeutsam für unser Thema? Um es vorweg zu sagen: Alle Detailaussagen in diesem Text werden völlig missverstanden, wenn wir sie nicht als Verwirklichung einer geistlichen Kommunikation verstehen. Geistesgaben isoliert zu betrachten ohne ihren Anwendungsbezug, macht sie zu Statussymbolen, mit denen man sich schmücken könnte. In Wirklichkeit aber sollen wir mit ihnen einander dienen[9] – ein Akt der Kommunikation. Weiterhin sind Glieder am Leib Jesu nicht nur Mitglieder einer Gemeinschaft, sondern darin aktive – und somit kommunizierende – Gabenträger und darin ständig aufeinander bezogen. Alle Spekulationen über die Bedeutung einzelner Gaben sind wertlos, wenn nicht gefragt wird, welche Rolle sie ausfüllen im Zusammenspiel aller übrigen Gaben.

---

9 1.Petr 4,10: Dient einander, ein jeglicher mit der Gabe, die er empfangen hat.

Gerade dieses Zusammenspiel – also ein komplexes Kommunikations-Geschehen – ist hier das zentrale Anliegen des Apostels Paulus. Damit hatten die Korinther ihr Problem. Offensichtlich war die Gemeinde recht bunt und ausgesprochen munter. An Gaben mangelte es nicht. Aber es mangelte an der Zusammenarbeit, denn Kooperation ist schließlich praktizierte Kommunikation. Es fehlte ihnen die Einsicht, dass es gerade darauf ankommt. Bei aller Begabung: Sie waren kein *Team*! Paulus kannte diesen Begriff zwar

nicht, beschreibt an die Korinther aber genau dieses Phänomen aus geistlicher Sicht. Es geht ihm um das sinnvolle Zusammenwirken in der Gemeinde. Was nützen die Gaben, wenn sie Eitelkeiten bedienen sollen und so das Miteinander eher zerstören als fördern? Konkurrenzdenken ist immer schädlich für eine zielführende Zusammenarbeit. So gab es in der Gemeinde Fan-Grüppchen, die sich auf Apollos, Petrus oder Paulus beriefen. Es gab haarsträubende Rücksichtslosigkeiten beim Abendmahl, abgedrehte Gabenträger, die sich mit ihren Fähigkeiten brüsteten und Leute, die sich ihrer besonderen Erkenntnisse rühmten, was immer das war. Scheinbar war sich jeder selbst der Wichtigste und Nächste.

Von dieser Problematik wissen wir, weil Paulus auf alle diese Themen eingeht in seinen beiden Briefen an die Gemeinde. Dabei nehmen die drei Kapitel 12 bis 14 im ersten Brief an die Korinther eine Schlüsselrolle ein. Sie haben zwei Grundthemen, die miteinander verbunden sind. Erstens: Nur im Zusammenspiel aller Gabenträger wirken ihre Gaben auch bestimmungsgemäß (Kap. 12 und 14). Und zweitens: Nur in der Liebe zueinander kann das Ganze zum Tragen kommen (Kap. 13, das „Hohelied der Liebe"). Sehen wir diese drei Kapitel als Ganzes, stellen wir fest: Gerade dieses Zusammenwirken in der Liebe zueinander ist als Atmen der Gemeinde zu verstehen. Das ist die innigste und effektivste Art der Kommunikation als Lebensweise einer christlichen Gemeinde. Deshalb liegt darin auch das Korrektiv, durch das eine Gemeinde wie die der Korinther wieder in die Spur finden kann.

Speziell das Kapitel 12 sollten wir etwas genauer betrachten. Es lässt sich thematisch in drei Abschnitte unterteilen, wobei der erste (V.1-11) und der dritte (V.28-31) themenverwandt sind. Sie behandeln anfangs die Geistesgaben und im dritten Abschnitt die Aufgabenstellung der Geistbegabten. Eingebettet in diese Frage nach den Geistesgaben und ihrem Einsatz in der Gemeinde ist das Bild vom Leib und seinen Gliedern als zweiter Abschnitt (V.12-28). Hier geht es um das Zusammenspiel der Glieder am Leib.

Schon im ersten Abschnitt macht Paulus klar, dass die Geistesgaben Geschenke sind und keine Verdienste und dass sie nicht Selbstzweck sein sollen sondern „Dienste" (V.5) „zum Nutzen [der Gemeinde]" (V.7). In der Aufzählung der Gaben wird schon deutlich, wie sehr die Gaben auf Mitteilung, also Kommunikation, ausgerichtet sind. Denn was sollen Kraftwirkung, Offenbarung, Weisheitsrede, Erkenntnis, Heilung, Machttat, Rede aus Eingebung, Unterscheidung der Geister, Zungenrede[10] und deren Auslegung[11], ohne Menschen, die davon etwas haben? Alle diese Gaben können sich nur in ihrem Einsatz für andere als sinnvoll entfalten. Sie sind nie isoliert zu betrachten, sondern stets im Zusammenhang mit der ganzen Gemeinde zu sehen. Es macht ja keinen Sinn, wenn ich Weisheitsrede vor dem Spiegel halte oder Erkenntnis habe, die ich niemandem mitteile. Deshalb meine These: Jeder Empfänger einer Gnadengabe wird dadurch zu einem „Weiter-Geber" an andere, die damit zu Empfängern werden. Das sind alles Akte der Kommunikation. Wir teilen unsere Gaben mit Anderen, die davon etwas haben. Damit ist klar: Nicht *ich* bin der Nutznießer einer Gabe,

---

10 Zungenrede kann auch in der persönlichen Andacht eine Rolle spielen. Sie dient dann der eigenen Erbauung (1.Kor 14,4a) und bedarf keiner Auslegung. Ich halte es aber für logisch, dass diese persönliche Erfahrung der Gottesnähe – als Kommunikation zwischen Gott und dem Beter – wirksam wird im weiteren Verhalten des Beters für die Gemeinde. Geschieht die Zungenrede in der Gemeinde, dann ist sie ebenfalls ein Akt der Kommunikation – in diesem Fall zwischen dem Beter und der Gemeinde – und bedarf der Auslegung (1.Kor 14,5).

11 Die Auslegung der Zungenrede ist nicht als Übersetzung zu verstehen. Sie ist sinngemäße Interpretation.

sondern stets die Anderen, denen ich damit diene. Nutznießer bin ich nur durch die Gaben der Anderen, die mir damit dienen. Die Gaben verleihen uns somit auch keinen besonderen Status, sondern sind Dienstaufträge an uns.[12]

Das wird dann auch im dritten Teil des Kapitels (V.28-31) deutlich. Dort werden Gabenträger als Funktionsträger bzw. als Ausführende oder Anwendende ihrer Gaben genannt. Zunächst erwähnt Paulus „Apostel", „Propheten" und „Lehrer". Dann wechselt er von so genannten Ämtern[13] zu verschiedenen Tätigkeiten. Da geht es um den Einsatz von Wunderkräften, Hilfsleistungen, Leitungen, Arten von Zungenrede. Es ist also unmissverständlich, dass alle Beteiligten positive Bewegung in die Gemeinde bringen und dies auch als die ihnen zugemessene Aufgabe ansehen („Gott hat bestimmt", V.28). Von der „Zuteilung von Diensten" war schon im ersten Teil die Rede.

Ergänzen ließen sich diese Ausführungen über die Geistesgaben noch durch Kapitel 14. Der Kommunikations-Charakter der Gaben wird auch dort von Paulus betont. Als Beispiel: „Wer aus Eingebung redet, der redet für Menschen Worte zur Erbauung, Mahnung und Tröstung." (14,3) Überhaupt ist das Kapitel 14 ein regelrechtes Kommunikations-Kapitel.

Nun zu dem Bild vom Leib und seinen Gliedern (1.Kor 12, 12-28). Vergessen wir dabei nicht die Einbettung dieses Teiles in die Gaben-Thematik des Kapitels mit der Aufgabenstellung der Gaben in der Kommunikations-Struktur der Gemeinde. In der folgenden Wiedergabe des Textes lasse ich etliches aus, was zur Entstehung des Leibes und der Zugehörigkeit zu ihm anspricht, um mich auf die „Funktion" des Leibes zu konzentrieren.

---

12 Eine Zeit lang waren sogenannte Gabentests im Schwange. Sie reduzierten das Thema in der Regel auf die Frage: „Welche Gabe habe ich?" Wichtiger scheint mir die nachfolgende Frage: „Wie setze ich meine Gaben ein?" Also nicht: Was *habe* ich, sondern was *mache* ich damit für andere, was kann ich dadurch anderen *geben*?

13 Leider oft als Hierarchie mit entsprechendem Machtanspruch missverstanden, oder auch mehr als *Status* und weniger als *Aufgabe*.

14 Denn auch der Leib ist nicht ein Glied, sondern viele. **15** Wenn nun der Fuß spräche: Ich bin keine Hand, darum gehöre ich nicht zum Leib!, gehört er deshalb etwa nicht zum Leib? **16** Und wenn das Ohr spräche: Ich bin kein Auge, darum gehöre ich nicht zum Leib!, gehört es deshalb etwa nicht zum Leib? **17** Wenn der ganze Leib Auge wäre, wo bliebe das Gehör? Wenn er ganz Gehör wäre, wo bliebe der Geruch? **18** Nun aber hat Gott die Glieder eingesetzt, ein jedes von ihnen im Leib, so wie er gewollt hat. **19** Wenn aber alle Glieder ein Glied wären, wo bliebe der Leib? **20** Nun aber sind es viele Glieder, aber der Leib ist einer. **21** Das Auge kann nicht sagen zu der Hand: Ich brauche dich nicht; oder wiederum das Haupt zu den Füßen: Ich brauche euch nicht. **22** Vielmehr sind die Glieder des Leibes, die uns schwächer erscheinen, die nötigsten; **23** und die uns weniger ehrbar erscheinen, die umkleiden wir mit besonderer Ehre; und die wenig ansehnlich sind, haben bei uns besonderes Ansehen; **24** denn was an uns ansehnlich ist, bedarf dessen nicht. Aber Gott hat den Leib zusammengefügt und dem geringeren Glied höhere Ehre gegeben, **25** auf dass im Leib keine Spaltung sei, sondern die Glieder einträchtig füreinander sorgen. **26** Und wenn ein Glied leidet, so leiden alle Glieder mit, und wenn ein Glied geehrt wird, so freuen sich alle Glieder mit. **27** Ihr aber seid der Leib Christi und jeder Einzelne ein Glied.

Zunächst wird deutlich: Nicht die Summe der Glieder macht den Leib aus, sondern das Zusammenspiel der Glieder. Die Interaktion zwischen den Gliedern (Kommunikation!) zeigt, dass der Leib ein lebendiger Organismus ist.

Eine vielleicht befremdliche Wahrnehmung ist im Zusammenhang mit den Geistesgaben, dass wir eine „Mängelgemeinschaft" sind. Erst als Mängelgemeinschaft können wir sinnvoll zusammenwirken. Das klingt seltsam, ist aber logisch, wenn wir bedenken, aufeinander angewiesen zu sein. Jeder Gabenträger hat den „Mangel", die Gaben der Anderen *nicht* zu haben. Der Fuß ist *nicht* Hand, das Auge *nicht* Ohr, das Gehör *nicht* Geruch. Es kommt noch „schlimmer", denn der Fuß ist nicht nur nicht Hand, sondern er ist auch nicht Auge, Ohr, Geruch und alles was sonst noch zum Leib gehört – ein fast himmelschreiender Mangel. Gleiches gilt auch für alle anderen Glieder. Jedes Glied ist für sich genommen eigentlich ein Nichts. Erst im Zusammenspiel mit den anderen Gliedern erhält jedes Glied seinen Wert.

Umgekehrt: Hätte jemand alle Gaben, wäre er nicht auf die Anderen angewiesen und es gäbe auch kein Zusammenspiel. Dieses

Angewiesensein ist der Motor des Zusammenwirkens. Der Mangel ist also keine Fehlkonstruktion am Leibe Christi, sondern führt zu der beglückenden Erfahrung, dass wir einander haben, einander ergänzen, miteinander ein Ganzes sind – aber nur miteinander und nur im Zusammenspiel, also der Kommunikation miteinander. Damit gehört auch das Anders-Sein, die Unterschiedlichkeit, zum Leib. „Der Leib ist nicht ein Glied, sondern viele" (V.14) Der Fuß ist anders als die Hand und gehört trotzdem – besser: gerade deshalb – zum Leib.

Durch den Mangel-Gedanken müsste nun klar sein, dass wir nicht nur aufeinander angewiesen sind, sondern auch, dass wir füreinander dankbar sein können.[14] Manch einer kennt folgendes jüdisch-russische Märchen dazu:

Ein Rabbi kommt zu Gott: „Herr, ich möchte die Hölle sehen und auch den Himmel." – „Nimm Elia als Führer", spricht der Schöpfer, „er wird dir beides zeigen." Der Prophet nimmt den Rabbi bei der Hand. Er führt ihn in einen großen Raum. Ringsum Menschen mit langen Löffeln. In der Mitte, auf einem Feuer kochend, ein Topf mit einem köstlichen Gericht. Alle schöpfen mit ihren langen Löffeln aus dem Topf. Aber die Menschen sehen mager aus, blaß, elend. Kein Wunder: Ihre Löffel sind zu lang. Sie können sie nicht zum Munde führen. Das herrliche Essen ist nicht zu genießen. Die beiden gehen hinaus. „Welch seltsamer Raum das war?" fragt der Rabbi den Propheten. „Die Hölle", lautet die Antwort. Sie betreten einen zweiten Raum. Alles genau wie im ersten. Ringsum Menschen mit langen Löffeln. In der Mitte, auf einem Feuer kochend, ein Topf mit einem köstlichen Gericht. Alle schöpfen mit ihren langen Löffeln aus dem Topf. Aber – ein Unterschied zu dem ersten Raum: Diese Menschen sehen gesund aus, gut genährt, glücklich. „Wie kommt das?" – Der Rabbi schaut genau hin. Da sieht er den Grund: Diese Menschen schieben sich die Löffel gegenseitig in den Mund. Sie geben einander zu essen. Da weiß der Rabbi wo er ist.

Wie gut also, dass wir einander haben! Das bedeutet einen verblüffend anderen Umgang mit dem Mangel. Die Gabe des Anderen macht mich nicht neidisch und kränkt nicht mein Selbstwertgefühl. Sie macht mich vielmehr dankbar, weil sie mich ergänzt und

---

14 Aus: *Chajim Bloch*: Chassidische Geschichten und Legenden, Mainz 2006, 179.

mich so bereichert. Auf diese Weise werden wir einander zum Geschenk. Wer wollte den Anderen gering schätzen oder herunterziehen, weil er etwas kann, was mir nicht gegeben ist? Die Umkehrung ist angesagt: Ich bin für ihn von Herzen dankbar und möchte ihn – und die vielen anderen auch – gern fördern.

Nach dem Verständnis dieses Kapitels zeigt sich, dass wir nicht zwischen Gaben und Gliedern am Leibe trennen können.[15] So als könnten wir die Gaben in der Gemeinde einsetzen, ohne zu berücksichtigen, dass wir es mit Menschen zu tun haben, die die Gabenträger sind. Das würde einem Nützlichkeitsdenken entsprechen, nicht aber dem lebendigen Leib Christi. Die Reduktion auf Nützlichkeit ist stets kommunikationsfeindlich und keinesfalls menschenfreundlich. Letzteres ist der Leib Christi aber immer. Dieser Gedanke wird sinnfällig in der Aussage „wenn ein Glied leidet, so leiden alle Glieder mit, und wenn ein Glied geehrt wird, so freuen sich alle Glieder mit." (V.26) Das drückt menschliche Anteilnahme aus, Wärme, Wertschätzung, Solidarität, ein Einstehen füreinander.

Als Schlusspunkt möchte ich vom Text her daran erinnern, dass wir uns nicht selbst zum Leib Christi machen. Eine Ortsgemeinde kann nicht beschließen, ab jetzt Leib Christ sein zu wollen. Wir sind als Glaubende so oder so sein Leib – also ohne unser Zutun: „Gott hat den Leib zusammengefügt" (V.24), „wir sind durch einen Geist alle zu einem Leib getauft" (V.13). Mein Verständnis dazu: Wenn wir unverdienterweise Leib Christi sind, dann müssen wir es auch sein *wollen* – also *leben*, was wir sind! Das ist die gemeinsame Sinn-Richtung einer christlichen Gemeinde und das haben die Korinther erst noch als Aufgabe und Ziel entdecken müssen. Für uns bleibt also ebenso die Frage: Wenn wir durch Christus schon sein Leib sind, *wollen* wir es auch sein, *wollen* wir es *leben*?

4.2 Apg. 2,1-13: Pfingten als Kommunikationswunder

Was nach Apg. 2,1-13 zu Pfingsten geschah, wird oft als Sprachwunder dargestellt, als wäre es entscheidend, dass ungebildete

---

15 Die getrennte Behandlung der Textteile (hier Gaben, da Leib) hat häufig dazu verführt.

Galiläer plötzlich Fremdsprachen beherrschten – so die erste Reaktion der Beobachter. Die Dramatik der Geschichte vermittelt uns eher ein Hörwunder. Was die Jünger sagten, wurde von den fremdsprachigen Zuhörern verstanden. „Ein jeder hörte sie in seiner eigenen Sprache sprechen". (V. 6)

Sprache dient der Verständigung. Die Vermittlung des Evangeliums ist hier das Ziel. Gott will über Sprachgrenzen hinweg die Menschen erreichen: „Wir hören sie in unseren Sprache die großen Taten Gottes verkündigen." (V. 11) Der Heilige Geist verbindet über die Grenzen, die uns gesetzt sind oder die wir uns selbst gegenseitig setzen. Er verbindet. Die Jünger konnten sich verständlich machen und wurden verstanden – ein Kommunikationswunder. Erst so konnte Petrus auch das Anliegen der Nachfolger Jesu den Zuhörern verständlich machen.

Als spektakulärer Kern der Pfingstgeschichte wird immer wieder die Ausgießung des Heiligen Geistes auf die Jünger und Jüngerinnen genannt. „Zungenrede" (Glossolalie) wird als Merkmal der Begabung mit dem Heiligen Geist angesehen und manchmal sogar voneinan-  der eingefordert. In Wahrheit geht es um die eigentlichen Folgen dieses Geisteswirkens: Die Mitteilung (Kommunikation) des Evangeliums und dessen Verstehen. Dadurch kamen Menschen zum Glauben. Die Menschen sind ja nicht durch das spektakuläre Ereignis zum Glauben gekommen, sondern durch die Vermittlung des Evangeliums (Predigt des Petrus).

Überall wo es um Verständigung geht, geschieht auch ein wünschbares Wunder des Heiligen Geistes. Menschen unterschiedlicher Denkweisen, Kulturen und Sprachen hören aufeinander, um einander zu verstehen. Typisch sind die Erfahrungen mit Flüchtlingen in Deutschland. Weil sie sich von einheimischen Christen – auch über holperige Sprachversuche hinweg – aus Liebe heraus verstanden fühlten, begriffen sie, was es mit dem Evangelium auf sich hat und wurden selbst Christen. Das nenne ich ein echtes Pfingstwunder. Dieses Pfingstwunder geschieht stets dort, wo wir ehrlich, aufmerksam und wertschätzend aufeinander hören und miteinander reden. Das heißt, wir öffnen einander unser Herz. Das schafft Zugang zueinander. Das ist Kommunikation mit Folge-Wirkung.

So erfüllt sich auch in der Pfingstgeschichte die Ur-Absicht Gottes, mit uns zu kommunizieren und uns zur hilfreichen und heilsamen Kommunikation untereinander zu befähigen. Sein Geist befähigt uns dazu. Alle Ab- und Ausgrenzung, als könnten wir Gott auf uns und unsere „Heile Welt" begrenzen und andere davon ausschließen, verkennt Gottes Absichten. Bei ihm sind die Türen offen für jedermann. Das Evangelium vom Reich Gottes ist stets eine Einladung Gottes. Überbringer der Einladung ist die Gemeinde Jesu. Das ist typisch für die Begebenheiten in der Apostelgeschichte.

5. Schlussgedanken

Wenn es um das Atmen einer Gemeinde geht, ist damit keine Nebensächlichkeit angesprochen, sondern die Existenzfrage schlechthin. Ohne Kommunikation zerfällt eine Gemeinde in tote Einzelglieder. Ein grobes Beispiel zum Bild vom Leib und seinen Gliedern: Wer beim Schlachter alle Bestandteile eines Schweines komplett zusammenlegt, bekommt kein lebendiges Schwein. Es ist alles vorhanden, aber die Teile haben keine lebendige Beziehung zueinander. So kann in einer Gemeinde „alles vorhanden" sein, aber das Beziehungsgeflecht funktioniert nicht. Es ist tot.[16] Ohne den Willen zur Kommunikation – also das Bemühen, sich verständlich zu machen (vgl. Pfingsten) – bliebe die Verkündigung unverständlich.

Wenn also der Kommunikation eine existentielle Bedeutung zukommt, ist zu fragen, wodurch sie gefördert oder einschränkt

---

16 So ist – auch im theologischen Sinne – der Leib Jesu mehr als die Summe seiner Glieder.

wird. Ein Punkt erscheint mir von vornherein als besonders bedenkenswert. Es die *paradoxe Kommunikation* (s. o.). Wir kennen sie leider aus der Praxis. Zur Erinnerung: Paradoxe Kommunikation ist, wenn sich z. B. das Gesagte und das Verhalten widersprechen. Zu unserer Verkündigung und Überzeugung gehört: Wir predigen die Liebe Gottes, wir preisen unsere Versöhnung mit Gott durch Christus und nehmen die Vergebung unserer Sünden in Anspruch, wir empfehlen die Lebensregeln Jesu für ein versöhntes Leben. – Aber wenn wir selbst unversöhnlich handeln, Auseinandersetzungen untereinander ins Kraut schießen lassen, Menschen von oben herab behandeln usw.,[17] dann ist das paradoxe Kommunikation. Das heißt: Unser Verhalten sagt das Gegenteil von dem, was wir verkündigen, es straft unsere Verkündigung Lügen.

Unser Gemeindeleben, unseren Umgang miteinander und mit allen, die uns begegnen, können wir leicht überprüfen und ändern. Wir brauchen uns nur zu fragen: Entspricht das, was wir tun, unserer Verkündigung? Stimmen Reden und Leben überein? Dabei geht es nicht um Perfektionismus, sondern um ein Umlenken in der Denk- und Handlungsrichtung (griech: *metánoia* = Sinnesänderung, Röm 12,2). Nur so bleiben wir lernfähig. „Lernt von mir", fordert Jesus seine Jünger auf. (Mt 11,29) So werden unter uns Veränderungen möglich. Diesen Punkt halte ich für zentral, weil sich daraus viele Konsequenzen ergeben können. Schließlich geht es um unsere Glaubwürdigkeit als Gemeinde wie auch als Einzelne.

Beherzigen wir die bisherigen Ausführungen, dann eröffnet sich ein weiter Horizont, Kommunikation als Geschenk wahrzunehmen und zu fördern. Unsere Mängel, unsere Begrenztheiten sind keine Hindernisse zu gemeinsamem Tun. Sie bremsen uns nicht, sondern machen uns dankbar dafür, dass wir uns als Gemeinde haben und uns gegenseitig wunderbar ergänzen und gegenseitig fördern können. Gedankenaustausch, Ideen sammeln und verwirklichen, sowie wertschätzende Offenheit im Umgang

---

17 Hier können wir alle unsere gemeinsamen „Gemeindesünden" einfügen.

miteinander sind nicht Furcht einflößend, sondern wie offene Fenster. Als Folgen können wir uns freuen über immer neue Horizonterweiterungen, über neue Erfahrungen, über Menschen, die sich durch unsere Art, das Evangelium zu leben, angezogen fühlen. Daraus ergibt sich die Aufgabe für die ganze Gemeinde – sicher auch besonders für die Gemeindeleitungen – Gas zu geben, klug zu steuern und nur zu bremsen, wo es wirklich nötig ist.

Alles, was eine offene, ehrliche, warmherzige und wertschätzende Kommunikation fördert, ist als hilfreich anzustreben. Ob es Gemeindeforen sind, Gesprächsrunden zu bestimmten Themen, Hauskreise, Teamarbeit für spezielle Projekte, offene Begegnungsmöglichkeiten (Feste, Freizeiten, Flüchtlingstreffen, private Initiativen usw.), alles kann je nach Situation und Gabenpotential die Gemeinde als lebendigen Leib Jesu erlebbar machen.

Eine Schlussbemerkung: Wir können uns in einem Punkt leicht selbst im Wege stehen. Es ist die Angst. Das ist nicht zu unterschätzen. Es mag Angst vor zu großer Nähe sein, Angst vor Überforderung, Angst erkennbar zu werden als der, der man ist, Angst die Kontrolle zu verlieren, Angst vor Vereinnahmung durch Andere, Angst, nicht Nein sagen zu können, Angst Verantwortung zu übernehmen ...

Hier kann sich jeder selbst fragen: Was macht mir Angst, wenn ich mich auf andere Menschen, auf Mitarbeit, auf offene Gespräche, auf unbekannte Themen usw. einlasse? Wer diese Frage ehrlich zulässt, darf sich schließlich auch fragen: Wie lerne ich, mit meiner Angst umzugehen?

Zum Thema Angst finden wir im Neuen Testament eine Menge Hilfen. Eine davon will ich zitieren:

Gott hat uns nicht einen Geist der Furcht gegeben,
sondern den Geist der Liebe, der Kraft und der Besonnenheit.
(2.Tim 1,7)

Mitarbeiter und Motivation

1. Gaben und Gabenträger

Typisch für den kirchlichen Bereich ist die ehrenamtliche Mitarbeit vieler Gemeindeglieder. Warum engagieren sie sich? Woher nehmen sie das Stehvermögen, manchmal kräftezehrende Aufgaben zu bewältigen, ohne schnell aufzugeben? Hierzu einige Überlegungen anzustellen, kann zu Schlüsseleinsichten führen, um ein „Betriebsklima" in der Gemeinde zu fördern, das Mitarbeiter stärkt und ermutigt.

Hier eine Definition aus Wikipedia: **Motivation** bezeichnet die Gesamtheit aller Motive (Beweggründe), die zur Handlungsbereitschaft führen. Damit erklärt sich das auf emotionaler und neuronaler Aktivität beruhende Streben des Menschen nach Zielen oder wünschenswerten Zielobjekten.

Verengt auf Gemeindesituationen und die Einsatzbereitschaft zur Mitarbeit müssen wir einige Unterscheidungen beachten. Dazu zwei Beispielsätze:

Satz 1: *Ich bringe meine Gaben in die Gemeinde ein.*

Satz 2: *Ich bringe mich mit meinen Gaben in die Gemeinde ein.*

Worin unterscheiden sich die beiden Sätze?

Der erste Satz trennt (klammheimlich!) die Person von der Gabe. Nur um die Gabe geht es, nicht um den Gabenträger. Der stellt seine Gabe anderen zur Verfügung. Das klingt gut biblisch, indem ja die Gaben tatsächlich allen anderen zugute kommen sollen (1.Kor 12,18; Röm 12,3-8; vergl. voriges Kapitel „Vom Atmen der Gemeinde"). So gesehen, macht sich ein Mitarbeiter „nützlich". Er wird zum „Nützling". Darin wird sein Beitrag bemessen. Viele Mitarbeiter legen ohnehin keinen Wert auf die Hervorhebung ihrer Person. Also ist scheinbar alles in bester Ordnung.

Allerdings führt das zu einer (sehr unbiblischen!) Reduzierung eines Menschen auf seine Nützlichkeit. Er sieht sich als Figur auf einem Schachbrett, die man inaktiv lassen kann oder einsetzt oder (für den höheren Zweck oder aus Gedankenlosigkeit) opfern kann. Das allerdings kann nicht unser Menschenbild sein und entspricht auch nicht dem Menschenbild der Bibel.

Bei dieser Sichtweise geht außerdem Wichtiges verloren: Der Gabenträger hat schließlich auch selbst Ideen, wie seine Gaben anderen gut tun könnten. Er erkennt auch seine persönlichen Hemmnisse, Fehlentwicklungen, Weichenstellungen und vermag neue Möglichkeiten zu sehen. Er konkretisiert seinen Einsatz und achtet (hoffentlich) auf ein gutes Zusammenspiel aller mit ihren Gaben. Er ist dann allerdings nicht fremdbestimmt, sondern kann und will sich kreativ einbringen.

Fügen sich Mitarbeiter aber nicht in das Nützlichkeitsprinzip ein, werden sie scheinbar zu Störfaktoren: Sie stören durch Rückfragen, eigene Ideen usw. den „Betriebsablauf". Um dem abzuhelfen, gibt es zwei Möglichkeiten. Entweder ihre Anliegen werden ernst genommen und so auch Teil der gemeinsamen Überlegungen oder sie werden abgeblockt durch Ausgrenzung, Abweisung, Ignoranz oder gar Anfeindung. Damit dürfte ihre Motivation für die Gemeinde verloren gehen.

Das alles stünde dann aber im Gegensatz zu 1.Kor 12,18 oder Röm 12,3-8 (beides bitte nachlesen): Hier haben die Glieder am Leib eine Bestimmung mit ihren Gaben. Ebenso lesen wir in 1.Pet 4,10: „Dient einander, ein jeder mit der Gabe, die er empfangen hat." Der obige Satz 2 (*Ich bringe mich mit meinen Gaben in die Gemeinde ein.*) drückt das biblische Verständnis aus. Der Gabenträger bringt **sich mit** seiner Gabe ein. ***Er/Sie*** ist Glied am Leib, nicht die Gabe für sich allein. Der Leib besteht nicht aus Gaben, sondern aus Gliedern (Gabenträgern) mit ihren Gaben.

Ich muss zu meiner Schande gestehen, dass ich im Rückblick auf meine Tätigkeit als Pastor neue Gemeindeglieder oft genug vorrangig taxiert habe, mit welchen Gaben sie wo einsetzbar sein könnten. Wer stets Abläufe zu steuern sucht, reduziert Menschen leicht auf ihre Nützlichkeit in diesem Zusammenhang – ein typisches „Macherproblem" auch in Firmen.

2.   Was hat es mit der Motivation auf sich?

Bleiben wir bei Satz 2 (S. 41), dann müssen wir zwei Arten der Motivation für das Einbringen der Gaben unterscheiden. Dabei setzen wir als Grundsatz voraus:

Eine Motivation lebt von der Wechselwirkung zwischen Person und Aufgabe.

Wissenschaftlich wird Motivation als zielgerichtetes Verhalten beschrieben und sogleich sehr feinsinnig unterschieden zwischen sehr vielen verschiedenen Antrieben. Für unser Verständnis zur Mitarbeit in einer Gemeinde unterscheiden wir hauptsächlich zwei Grundarten der Motivation:

Die **extrinsische Motivation:** Sie bezieht ihre Kraft vor allem aus der *(Rück-)Wirkung* des Einsatzes von außen auf die *eigene* Person. Das kann Applaus sein, öffentliches Ansehen, natürlich auch eine Bezahlung, aber auch die Vermeidung einer negativen Erfahrung (herabwürdigende Kritik, im Berufsleben die Kündigung usw.). Ich setze mich also ein, damit ich selbst etwas davon habe. Mein Antrieb ist abhängig von der Außenwirkung, von der für mich positiven Rückmeldung oder der Vermeidung von Nachteilen. Wenn die gewünschte Rückmeldung ausbleibt, erlahmt oder stirbt die Motivation. „Was habe ich davon?", ist die logische Kontrollfrage des möglichen Akteurs.

Die **intrinsische Motivation:** Sie bezieht ihre Kraft aus der *Sinnhaftigkeit* der Aufgabe selbst. Ich tue etwas, damit eine gute Sache gelingt. Ich habe Interesse und Freude an einem Projekt, einem Hobby, an sportlichem Einsatz, am Umgang mit Menschen usw.

Intrinsische und extrinsische Motivation

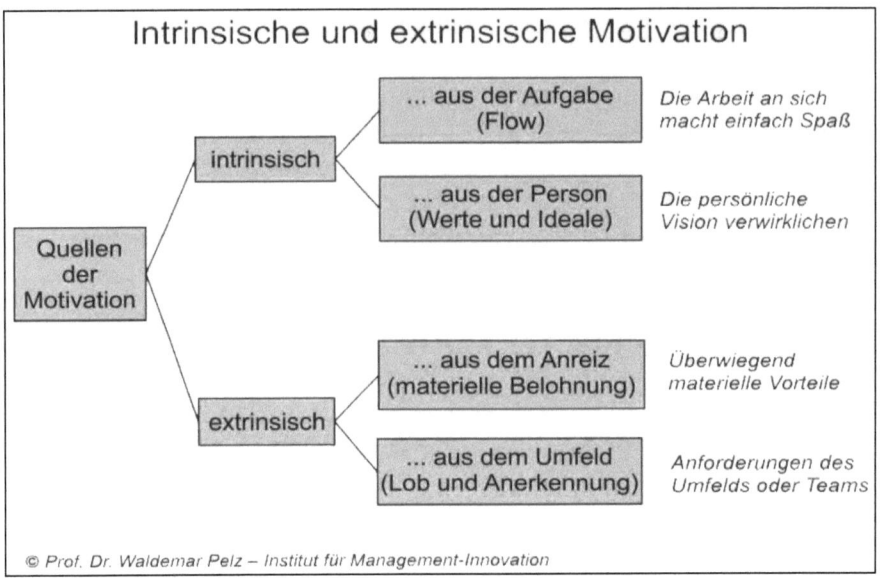

© Prof. Dr. Waldemar Pelz – Institut für Management-Innovation

Mein Antrieb kommt von innen und bezieht sich auf die Aufgabe. Ich bin dann „Gesinnungstäter". „Wofür ist das gut?" oder „Was haben andere davon?", sind dann die in eine ganz andere Richtung zielenden Kontrollfragen. Kann man diese positiv beantworten, lassen Probleme und Widerstände die Motivation nicht gleich kippen, sondern spornen häufig sogar noch zu größerem Einsatz an. Die Zusammenarbeit mit Gleichgesinnten ermutigt zusätzlich.

Beide Motivationsarten können zusammenspielen. Denn natürlich hat ein intrinsisch motivierter Mitarbeiter auch Freude an einer positiven Rückmeldung. Auch er möchte zufrieden sein mit den Ergebnissen. Gerade dies zeigt übrigens auch, dass es keine Motivation gibt ohne Emotion. Letzteres ist bedeutsam bei der Dämpfung oder Zerstörung einer Motivation.

Aber es besteht ein grundsätzlicher Gegensatz in der **Wirk-Richtung** beider Motivationsarten. Bei der extrinsischen Motivation ist die *eigene Person* das Ziel der Wirkung. Bei der intrinsischen Motivation richtet sich der Einsatz auf die *sinnvolle Aufgabe*. Der gleiche Einsatz kann – äußerlich betrachtet – unterschiedlich motiviert sein. Deshalb ist es nicht unwichtig zu fragen: Weshalb tue ich das?

In der Gemeinde haben wir es hauptsächlich mit der intrinsischen Motivation zu tun. Sie bezieht ihre Kraft aus der Sinnhaftigkeit des Einsatzes für eine Aufgabe. Person und Sinn des Einsatzes gehören zusammen. Allerdings wird das häufig durch ein Missverständnis unterlaufen. Da auch in der extrinsischen Motivation Person und Aufgabe verbunden sind – allerdings um der eigenen Person willen –, wehren intrinsisch Motivierte die Wertschätzung ihrer Person bescheiden ab mit der Bemerkung, es gehe ihnen ja nicht um sie selbst, sondern um die Aufgabe. Das führt in der Außenwahrnehmung zu dem Eindruck, als könne man Person und Aufgabe trennen (s. oben). Weil sich intrinsisch Motivierte kaum dagegen wehren, scheinen sie diese Ansicht zu bestätigen und durch die Praxis zu bestärken. In der Folge sehen wir dadurch vielleicht im Mitarbeiter weniger einen intrinsisch Motivierten als vielmehr einen „Nützling" – oder krasser ausgedrückt: einen „nützlichen Idioten".

Wollen wir die Motivation in der Mitarbeit aufrechterhalten, müssen wir einen Blick dafür gewinnen, was motivationshemmend oder -zerstörend wirken kann. Eine extrinsische Motivation lässt sich leicht zermürben. Es muss lediglich der personenbezogene Erfolg oder Nutzen ausbleiben. Wer nicht genug Beifall erhält, zieht sich schnell beleidigt zurück.

Intrinsisch Motivierte sind so schnell nicht zum Aufgeben zu bewegen. Sie sind recht robust im Umgang mit Nachteilen, Misserfolgen oder Einschränkungen. Daraus ergibt sich in der Folge leicht eine unbeabsichtigte Fehleinschätzung. Das kann geschehen, wenn die bestehende Brücke zwischen dem, der den Sinn in seiner Aufgabe sieht und seiner sinnhaften Aufgabe zerstört wird. Beides gehört aber zusammen. Ist für uns ein intrinsisch motivierter Mensch uninteressant, weil wir nur seinen „Nutzen" wollen, reduzieren wir ihn zu einem „Nützling" für den Gemeindebetrieb – ein typischer Fehler von „Gemeindemanagern" (s. o.). Wir haben dann übersehen, dass ein motivierter Mensch und seine Aufgabe zusammengehören. Trennen wir beides, zerstören wir auch die

3.

Motivation. Wir können von Firmen lernen, die sich um einen wahrnehmenden und wertschätzenden Umgang mit den Mitarbeitern bemühen.

So kann man nicht einerseits von Mitarbeitern erwarten, dass sie möglichst hochmotiviert ihre Gaben einbringen, wenn sie als Person gleichzeitig vom positiven Sinn ihres Einsatzes abgekoppelt werden. Mit gelegentlichen Lobreden lässt sich das nicht reparieren. Hier ist – allein schon vom biblischen Menschenbild her – eine ehrliche Analyse unseres Umganges miteinander angebracht.[1] Wollen wir die Motivation stärken, dann nicht durch Appelle, wie mit der üblichen Formulierung: „Eigentlich sollten wir doch alle..." Ebenso ist öffentlicher Beifall eher etwas für extrinsisch Motivierte, also die falsche Zielgruppe. Aber eine prinzipielle Wertschätzung wäre ein gutes Mittel. Wertschätzung ist keine Veranstaltung sondern eine *Haltung.* Förderlich wäre die Stärkung des Bewusstseins, dass die Mitarbeit im konkreten Fall tatsächlich sinnvoll ist und darin Bestätigung und Unterstützung findet.

Es gibt auch eine andere Möglichkeit, dass eine intrinsische Motivation ihr Ende findet. Das kann im Normalfall durch die Beendigung der eigentlichen Aufgabe geschehen. So etwas mag sich ergeben bspw. durch den Wegzug einer bisher betreuten Flüchtlingsfamilie oder durch eine Umstrukturierung der Gemeindearbeit. Hier kann eine Umlenkung der Motivation auf ein neues Aufgabenfeld hilfreich sein. Wichtig bleibt auch hier, den Menschen, seine Gaben und seine Motivationskraft als Einheit zu begreifen.

Der Nachteil dieser Sichtweise (Einheit von Gabe/Aufgabe und Person) zeigt sich darin, dass jede Person damit auch ihre Eigenheiten einbringt; das sind dann die angenehmen und unangenehmen, die jeweils den Einsatz mit einfärben. Aber Gemeinde ist immer eine *menschliche* Gemeinde und keine Fabrik oder Behörde.

---

1 Das gilt auch für den Umgang mit Konflikten, aber das ist ein anderes Thema (s. nächster Beitrag).

Immer diese Konflikte!

Einige Denkanstöße zum Thema

Merke:
Konflikte sollte man nicht vermeiden,
sondern lösen!
Friedrich Glasl

1.   Konflikte (allgemein)

Konflikte sind Bestandteil unseres menschlichen Zusammenlebens. Sie berühren stark unsere emotionalen Befindlichkeiten, auch wenn wir mit ihnen nüchtern und rational umgehen möchten. Sie beeinflussen praktisch alle Lebenssituationen, ob in Partnerschaften, Betriebsstrukturen oder Staatengemeinschaften.

Es soll hier im Text nicht um die verschiedenen Konflikt-Theorien und Eskalationsmodelle gehen.[1] Die sind außerordentlich erhellend und hilfreich. Es soll hier lediglich das Augenmerk auf Konflikt-Elemente gerichtet werden, die sonst kaum Berücksichtigung finden, aber für das Gemeindeleben bedenkenswert scheinen. Gemeinden haben Strukturen, die anderen Organisationen oder in mancherlei Hinsicht auch Betrieben ähnlich sind. Die umseitig stehende Grafik soll helfen, Konflikte in betroffenen Strukturen erkennbar zu machen.

1.1   Äußere Anzeichen eines Konflikts

Unter einem Konflikt verstehen wir oft etwas vorschnell eine vielleicht schon bestehende hitzige Auseinandersetzung. Dabei überspringen wir leicht die schon viel früher ansetzenden Grundpositionen für einen Konflikt, die durchaus völlig harmlos sind, dann aber steigerungsfähig sein können. Konflikte sind in ihrem Grunde

---

1   Glasl, Schwarz u.a.; Empfehlung: Artikel „Konflikt" bei Wikipedia.

Quelle: wbd.fh-sm.de/KonfliktDefinition

zunächst nichts anderes als Interessengegensätze; sie sind völlig normal und legitim. Denken wir an uns bekannte Interessengegensätze zwischen Arbeitgeber und Arbeitnehmer, Gebrauchtwagen-Käufer und -verkäufer, Reformer und Konservative usw. Interessengegensätze konkurrieren miteinander und können selbst innerhalb einer Person (intrapersonal) erlebbar sein, wenn z. B. ein Kaufwunsch im Gegensatz steht zum realen Kontostand.

1.2 Eine mögliche Konfliktentwicklung

Von Konflikten sprechen wir leider oft erst, wenn schon eine Steigerung – eine Eskalation – eingetreten ist (siehe Grafik rechts). Hätten wir die Interessenkollision vorher wahrgenommen, dann wären offene, klärende und Kompromiss suchende Gespräche zielführend gewesen. Das ist eine Anfrage an unsere Gesprächskultur. Dazu gehört ehrliche Offenheit, gegenseitige Akzeptanz, Wertschätzung und aufmerksames Zuhören. Vermeiden wir Gespräche über Interessengegensätze, dann beseitigen wir diese Gegensätze nicht. Aus falsch verstandener Harmonie unterdrücken wir die entstehende Spannung. Die sucht sich einen anderen (aggressiveren) Weg. Das trägt zur Eskalation bei.

Eine fatale Weichenstellung ereignet sich, wenn der bestehende Interessengegensatz personalisiert wird. Statt der ursprünglichen *Sachfrage* als Problem, die dann auch in der Sache die Lösung sucht, wird die andersdenkende *Person* zum Problem erklärt. Das führt zu einem völlig andersartigen Lösungsweg: Wer das Problem loswerden will, muss nun die Person niederringen oder ganz loswerden („los" steckt in „Lösung"!). Die Gegenwehr der „Problemperson" folgt dann meistens der gleichen Logik. So wird der gesamte Konfliktverlauf durch die Personalisierung bestimmt – mit

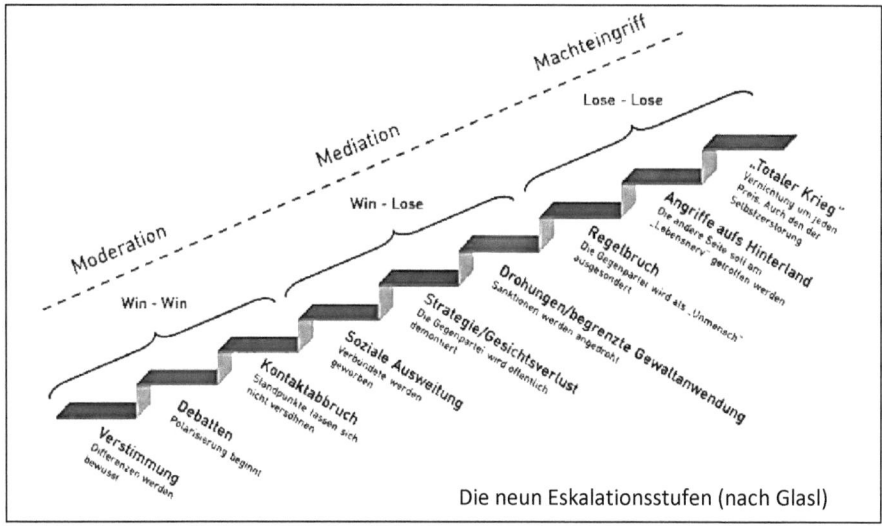

Die neun Eskalationsstufen (nach Glasl)

unabsehbaren Auswirkungen. Die Konfliktskala (Grafik) ab Stufe 3 aufwärts verdeutlicht das. Hier geht es nur noch darum, einander zu besiegen oder zu vernichten – selbst wenn es zur Katastrophe kommt. Das emotionale Engagement ist so enorm und der inzwischen eingetretene Schaden schon so groß, dass sich die bisher eingesetzte Konfliktenergie rentieren soll und deshalb kaum noch drosseln lässt. Bei ausbleibendem „Erfolg" heiligt letztlich dann auch der Zweck die Mittel (Regelbruch). Die größten Antriebskräfte sind der Hass und die Angst vor einem „Gesichtsverlust". Oft ist den Konfliktparteien gar nicht mehr bewusst, worum es ursprünglich ging. Zu heftig waren inzwischen die Verletzungen. Über letztere wird mehr gestritten als über den eigentlichen Anlass des Konfliktes.

Personalisierung und Eskalation mobilisieren Emotionen, die nur noch als Hass bezeichnet werden können. Die Erfahrung aber zeigt: **Hass** schaltet den **Ver-stand** aus und anschließend auch noch den **An-stand!**[2]

---

2   1.Joh 2,11: „Wer seinen Bruder hasst, der ist in der Finsternis und irrt in ihr umher; er weiß nicht, wohin er geht, denn die Finsternis hat seine Augen blind gemacht."

2.   Konflikt-Konstellationen

Wir können verschiedene Konfliktarten unterscheiden. Die Kenntnis der Unterschiede ist hilfreich bei der Suche nach Lösungswe-
gen. Zum Öffnen eines Türschlosses benötigt man einen passenden Schlüssel und keinen Flaschenöffner. Diese Logik wird bei Konflikten manchmal verweigert.[3]

2.1   Symmetrische Konflikte

Symmetrisch sind Konflikte, wenn beide Seiten erheblichen Anteil an
der Entstehung oder „Ausgestaltung" des Konfliktes haben (Tarifkon-
flikt, Streit um Lehrfragen in Glaubenssachen, gegenseitige Macht-
kämpfe, Dauer-Ehekrieg...). Gängige Konfliktmodelle gehen vorrangig von symmetrischen Konflikten aus und streben deshalb auch
(z. B. per Mediation) den *Kompromiss als Lösung* an. Manches würde
sich auch durch *Klären* bzw. *Überzeugen* lösen lassen, weil häufig
Sachverhalte übersehen oder ignoriert werden. Deren Kenntnis kann
einen Konflikt durch (Auf-)Klärung gegenstandslos machen. Beispiel:
Der frühere Konflikt um das Weltbild klärte sich durch Tatsachen
im Sinne von Fakten. Seit dem ist die Kugelgestalt der Erde und
das heliozentrische Weltbild akzeptiert. An diesem Beispiel zeigt sich
auch: Ein Kompromiss als *allein* anzustrebende Lösung (wie typisch
in der Mediation) verengt die Sicht für weitere Möglichkeiten.

2.2   Asymmetrische Konflikte

Asymmetrische Konflikte scheinen viel häufiger aufzutreten. Nicht
nur kriminelle Delikte (Einbruch, Diebstahl, Unterschlagung usw.)
sind asymmetrische Konflikte, sondern auch Verleumdung, Mobbing, Rassismus, Ausbeutung, jeglicher Machtmissbrauch usw. Sie
sind nicht per Kompromiss lösbar. Hier besteht die Konfliktkonstel-
lation in einer „Täter-Opfer-Beziehung". Strafgerichte entscheiden
typischerweise über asymmetrische Konflikte. Erstrebenswert ist
ein „Täter-Opfer-Ausgleich" – eine Schadensregulierung – als weiterführende Zielvorstellung. Das geht über den üblichen Rahmen
einer klassischen Mediation hinaus.

---

3   Bekannt ist der Spruch: „Wer als Werkzeug nur einen Hammer hat, für den ist
    jedes Problem ein Nagel." (Paul Wazlawik zugeschrieben).

2.3   Konflikte als gegenseitige Bindung

Konfliktgegner leben gewollt oder ungewollt in einer unheilvollen gegenseitigen
Bindung. Das kann eine Beobachtung von
Hund und Herrchen verdeutlichen: Man
weiß oft nicht, wer wen an der Leine
führt. In jedem Fall ist jeder von beiden mit dem andern durch die
(Konflikt-)Leine verbunden.

Eine Konfliktlösung/Konfliktbeendigung kann nur erreicht werden durch die Auflösung/Trennung dieser negativen Bindung. Entweder sind beide daran interessiert und wirken mit (z. B. beim
Kompromiss oder bei gegenseitiger Vergebung) oder einer löst von
seiner Seite aus die Konflikt-Bindung, also einseitig.

2.4   Instrumentalisierte Konflikte

Bei ihnen sind nicht Inhalt und Anlass bedeutsam, sondern der
Zweck und die Wirkung des Konfliktes. So kann eine Konflikt-Pro-
vokation als Machtmittel eingesetzt werden, weil sich der andere
einer einseitigen/asymmetrischen Konflikt-Inszenierung (scheinbar)
nicht entziehen kann. Er wird in eine Konflikt-Bindung gezwun-
gen. So kann/könnte man einen Pastor/Gemeindeleiter/Mitarbei-
ter blockieren! Dies Verhalten kann sich (ideal für „Fromme") sogar auf Mt 5,23f. berufen: „Wenn du deine Opfergabe zum Altar
bringst und dort eingedenk wirst, dass dein Bruder etwas wider
dich hat, so lass deine Gabe dort vor dem Altar und geh zuerst hin
und versöhne dich mit deinem Bruder, und dann komm und
bringe deine Gabe dar." Jesus wollte keinem Konflikt-Provokateur
einen frommen Knüppel in die Hand geben. Wer diesen Missbrauch
als Machtspiel durchschaut, kann sich dem sehr wohl entziehen
(und muss es auch!). Jesus selbst hat sich nicht in solche Konflikt-
Bindungen durch provokative Herausforderungen von Pharisäern
oder Schriftgelehrten hineinziehen lassen.

2.5   Konflikte als „Dreiklang"

Konflikte werden in der Regel als dissonanter Zweiklang gesehen,
also als Gegensatz zwischen zwei Personen oder Gruppen, ganz im
Sinne von „meine Meinung gegen deine Meinung", „meine Absicht

gegen deine" usw. Der „neutrale" Mediator vermittelt zwischen beiden.

Zu gering geachtet wird dabei, dass es in jedem(!) Konflikt auch mindestens eine dritte Instanz bzw. Position gibt. Sie zu ignorieren, kann für den Klärungsprozess verheerend sein, weil es dann kein übergreifendes und *für alle Beteiligten gültiges Korrektiv* gibt. Zu den „dritten Positionen" zähle ich: für beide Seiten gültige *Regeln* (das ist Bestandteil innerhalb jeder ordentlichen Mediation), sachlich nachprüfbare *Fakten* (gegenüber bloßen Behauptungen, Meinungsäußerungen und Befindlichkeiten), verbindliche übergeordnete *Instanzen*, bei Christen Gottes Gebot und Bibel (als Grundlage für Glauben und Leben!), aber allgemein auch das Recht („mit dem Gesetz in *Konflikt* geraten") und die Gebote der Wahrhaftigkeit und Fairness bzw. durchaus auch gesellschaftliche Normen.

Übrigens mit Berufung auf 1.Kor 6,1-11 kann die Gemeinde nicht als rechtsfreier Raum deklariert werden – besonders pervertiert als Waffe des (frommen) Täters gegen den Verteidigungswillen des Opfers innerhalb der Gemeinde. Das ist außerordentlich fatal bei Missbrauchsopfern und dient wie auch bei einer falschen Vorstellung von Vergebung als Täterschutzprogramm. Dabei sollte Gemeinde stets den Opferschutz im Blick haben (z.B. Kirchenasyl, Kinderschutz, Solidarität mit Diskriminierungsopfern). In anderen Zusammenhängen berufen wir uns doch auch auf staatlichen Schutz vor Unrecht.

3. Die Rolle von Neutralität und Solidarität im Konflikt

3.1 Neutralität als ethisches Problem

Neutralität – absolut gesetzt – kann tödlich sein (siehe UNO-Dilemma bei den Völkermorden 1994 in Srebrenica und Ruanda). Neutralität ist kein biblisches Gebot. Weder Gott ist neutral, noch sind seine Gebote neutral, noch gibt es irgendeine Aufforderung, sich in Konflikten bzw. Unrechtssituationen neutral zu verhalten. Auch ein Richter ist nicht neutral; er mag es den Kontrahenten gegenüber sein, aber nicht dem Recht gegenüber (s. o. übergeordnete Instanzen).

Neutralität überlässt dem Stärkeren das Feld. Insofern ist der Neutrale nicht wirklich neutral, denn er begünstigt durch sein Verhalten den Stärkeren (UNO-Dilemma). Die Logik ist auch: Der unrecht Handelnde ist immer im Vorteil, weil er über mehr Handlungsmöglichkeiten verfügt als jener, der sich an das Recht (Anstand, Fairness, Gottesgebot usw.) gebunden sieht.

Neutralität kann leicht ein Deckmantel für Feigheit sein: nicht Stellung beziehen, nicht eingreifen wollen oder müssen, sich schnell aus einer Sache herausziehen können („nicht die Finger schmutzig machen"), nicht (mit)verantwortlich sein beim Misslingen, nicht die Folgen mittragen müssen usw. Neutralität ist dann der leichtere Weg. Es gibt auch eine interessengeleitete Neutralität, d. h. der Konflikt entwickelt sich (auch ohne Eingreifen, also bei „Neutralität") in (m)eine gewünschte Richtung.

3.2 Solidarität statt Neutralität

In der Opfer-Täter-Konstellation (also in asymmetrischen Konflikten) ist nicht Neutralität gefordert, sondern Solidarität mit denen, die Unrecht erleiden (in Gemeinden oft verweigert und fromm verschleiert mit „weil wir uns doch alle lieb haben" oder gedeckelt, z. B. bei ruchbar gewordenen Missbrauchsfällen usw.). Solidarität ist ein absolut typisch biblisches Motiv für Gemeinde und Gesellschaft! Solidarität ist so gesehen immer parteiisch. In Lk 10,25ff. („Barmherziger Samariter") verhält sich der Samaritaner solidarisch, Levit und Priester dagegen neutral. Solidarität tritt für einen Ausgleich im Zusammenleben ein. Wer Solidarität übt, wird logischerweise misstrauisch betrachtet von denen, die von Ungleichheiten profitieren. Dabei ist Solidarität nicht mit Kumpanei zu verwechseln. In der Kumpanei erfährt jemand Unterstützung und Bestätigung gerade auch im unrechten Tun.

„Wenn du in Situationen der Ungerechtigkeit neutral bist, hast du die Seite des Unterdrückers gewählt." (Desmond Tutu)

3.3 Neutralität als praktisches Problem

Nachfolgende Anmerkungen stammen zwar aus dem Gemeindeleben, stellen aber ein häufig vorkommendes Phänomen dar, überall wo es zu gemeinsamen Klärungsprozessen kommen muss.

Nicht belanglos ist das
Beharren oder Verändern in der Gemeinde als Interessengegensatz

> *Gemeinden ändern sich*
> *nicht ohne Grund.*
> *Entweder haben sie*
> *dazugelernt*
> *oder lange genug gelitten.*

Der Wunsch nach Veränderungen in einer Gemeinde – wie auch in anderen Gruppierungen – ist ein gängiges und ganz normales Konfliktthema, wobei Konflikt im ursprünglichen Sinn als Interessengegensatz (s. o.) zu sehen ist. Dabei ist es völlig legitim, konkurrierende Positionen zu vertreten. Verbindet sich der persönliche Wunsch mit der Erwartung, die eigenen Vorstellungen sollten auch für möglichst alle anderen (in einer Gruppe, einer Gemeinde) gelten, dann ist hier logischerweise das offene Gespräch möglichst vieler Beteiligter unerlässlich. So kann ein gemeinsam verantworteter Weg gefunden werden.

Das Problem (hier verschiebt sich die scheinbare Symmetrie!): Wer keine Veränderung will, braucht nur darauf zu beharren, dass nichts getan wird. Für ihn ist auch ein Gespräch überflüssig bzw. schon scheinbar gegen seine Interessen gerichtet. Beharrung verschafft ihm einen Vorteil. Veränderungen dagegen bedürfen der Aktivität (wie z. B. in der Physik). Wer also niemandem wehtun will und meint, deshalb auch nichts tun zu sollen, begünstigt immer diejenigen, die an Veränderung nicht interessiert sind (in Abwandlung des „Neutralitäts"-Problems!).

Übrigens ist das auch im Parlamentarismus bzw. Demokratieverständnis – dem wir auch in freikirchlichen Gemeindeversammlungen Raum geben – ein Problem. Keiner käme auf die Idee, (vielleicht immer wieder erneut) über das Verharren im Bisherigen abstimmen zu lassen. Abgestimmt wird über Änderungsbestrebungen. Sie gelten stets als der „weitergehende Antrag". Wer alles so lassen will, stellt sich nicht dem Votum.

4. Konfliktlösungen theologisch gesehen

Der Grundkonflikt Gott–Mensch ist asymmetrisch. Begriffe wie „Sünde", „Schuld", „Gericht", „Ungerechtigkeit", aber auch „Lüge", „Hochmut", „Habgier" usw. zeigen auf eine schuldhaft einseitige Verstrickung eines Menschen/der Menschheit vor Gott und den Mitmenschen als Konfliktkonfiguration. Mit einem Kompromiss lässt sich diese Konfliktsituation nicht lösen.

„Lösen", „Erlösen", „Vergeben", „Versöhnen" sind vorrangig einseitige und damit dem asymmetrischen Konfliktmuster entsprechende Vorgehensweisen. Ihr (häufig völlig verkanntes) Merkmal: Sie sind unabhängig vom „Konfliktgegner". Sie ermöglichen und erlauben so einen enormen Spielraum im Lösen von Konfliktbindungen. So geht Gott mit uns um (Röm 5,10: „Wenn wir mit Gott, als wir seine Feinde waren, versöhnt sind..."). So betete Jesus für seine Peiniger (Lk 23,34: „Vater vergib ihnen, denn sie wissen nicht, was sie tun."). So zeigte der Vater im Gleichnis vom „Verlorenen Sohn" (Lk 15,20-24) seine bedingungslose Aufnahmebereitschaft schon vor dem Eintreffen des Sohnes und bevor der sein Schuldbekenntnis sprechen konnte.

Leider verbinden sich mit Vergebung Vorstellungen, die wenig mit dem biblischen Verständnis zu tun haben: „Man muss auch vergessen"; „man darf nicht mehr darüber reden". Wäre es so, hätten wir die Bibel nicht, denn sie ist voller Erinnerungen an schuldhaftem Verhalten Einzelner oder z. B. ganz Israels. Manche (vor allem Täter) glauben, Vergebung könne man einfordern mit einem: „Als Christ musst du doch vergeben!". Leicht werden Vergebung und Versöhnung zu einem Täterschutzprogrammen umfunktioniert. Dem Geschädigten wird angeraten, nicht mehr an das Geschehen zu erinnern, sonst sei er nachtragend und unversöhnlich, nun also selbst der eigentlich Schuldige im Konfliktgeschehen. Dadurch wird der Geschädigte (denken wir an traumatisierende Missbrauchsfälle!) mit dem Schaden alleingelassen und in seinem

4.

Bemühen, damit klarzukommen, behindert. Gerade traumatische Erfahrungen belasten die Erinnerung besonders und bedürfen des befreienden und helfenden Gesprächs. Durch Verdrängung sind sie nicht zu heilen. Letztlich würde nur der Täter davon profitieren.

Die einfachste und biblisch zutreffendste Erklärung für Vergebung ist: Mit der Vergebung erkläre ich meinen Verzicht auf Rache. Vergeben kann nur der Geschädigte. Darin ist er ganz frei. Er kann sich dabei an Gottes Vergebungsbereitschaft orientieren. Diese eigene Freiheit macht den Betroffenen frei, sich nun für einen versöhnlichen Weg zu entscheiden.

Allerdings darf man nicht vergessen, dass ein angerichteter Schaden durch Vergebung nicht beseitigt ist. Wer Vergebung zugesagt bekommt, ist nicht frei von seiner Verantwortung für von ihm verursachten Schaden. Im Gegenteil, es ist nun hoffentlich sein Wunsch, den Geschädigten nicht mit den Folgen seines falschen Tuns allein zu lassen. Das hat Zachäus bei seiner Begegnung mit Jesus als ganz selbstverständlich begriffen. Er entschädigt die durch ihn Betrogenen. (Lk 19,9)

Nicht alle Konflikte lassen sich lösen. Von Jesus werden zahlreiche ungelöste Konflikte berichtet (z. B. mit Schriftgelehrten). Jesus ließ sich dabei nicht auf das Spiel gegenseitiger Konflikt-Bindung ein. Aber sein Leben und Sterben hatte den Sinn einer einseitigen Konfliktlösung durch Stellvertretung für uns bzw. Erlösung für uns. Röm 5,10: „Wir sind mit Gott versöhnt durch den Tod seines Sohnes *als wir noch seine Feinde waren.*"

Auch bei Paulus finden wir viele ungelöste Konflikte, obwohl es ihm manchmal schwerfiel, sich von den fesselnden Konflikt-Bindungen zu lösen: typisch gegenüber den Korinthern, aber fast wie ein Befreiungsschlag bei den Galatern (Gal 6,17).

Zur Feindesliebe: In Mt 5,42f. sagt Jesus: „Ihr habt gehört, dass gesagt ist: Du sollst deinen Nächsten lieben und deinen Feind hassen. Ich aber sage euch: Liebt eure Feinde und bittet für die, die euch verfolgen, damit ihr Söhne (*und Töchter*) eures Vaters im Himmel seid." Wer sich schon einmal darauf eingelassen hat, stellte vielleicht entnervt fest: Das funktioniert nicht. Und das zu Recht. Deshalb schon aufzugeben, verkennt das ungeheure Potential, das in dieser Anregung Jesu liegt. Der Haken in der Sache ist folgender: Solange ich den anderen weiterhin als Feind ansehe, kann ich ihn nicht lieben! Daher der Krampf bei allen frommen Bemühungen. Diese Liebe erhält ihren Sinn erst darin, dass der Geliebte *nicht mehr mein Feind* ist. Ich kann die Feindschaft einseitig beenden im Sinne von: „Ich kündige dir die Feindschaft. Auch wenn du mich weiterhin als deinen Feind ansiehst, für mich bis du es nicht mehr." Das bedeutet Abkoppelung von der fast zwanghaften Gegenseitigkeit (Bindung s. o.). Sinngemäße Übertragung des Textes wäre: „Liebt die, die weiterhin eure Feinde sein wollen." Im gleichen Sinne heißt es ja logischerweise weiter: „Bittet für die, die euch (*weiterhin*) verfolgen." Liebe ist hier allerdings nicht als positiver Gefühlsüberschwang zu verstehen, sondern kann eher als Absicht zu respektvollem und wertschätzendem Umgang miteinander.

Eine alltagstaugliche Anweisung des Paulus macht den einseitigen Umgang mit Konflikten praktikabel (Röm 12,18): „Ist es möglich, *soviel an euch liegt*, haltet mit allen Menschen Frieden." Damit ist nicht unterwürfige Rückgratlosigkeit gemeint, sondern Souveränität im Konfliktgeschehen. Übrigens lehrt Jesus uns beten (Mt 6,12): „Und vergibt uns unsere Schuld, wie auch wir vergeben unsern Schuldigern." Da steht kein Zusatz: „*... wenn sie ihre Schuld einsehen und uns darum bitten*".

5. Fazit

Die anfänglich dargestellte Konfliktskala zeigt, wie förderlich es ist, Gesprächsmöglichkeiten zu nutzen, um Konflikte im respektvollen Umgang miteinander möglichst frühzeitig(!) zu klären, vielleicht sogar fruchtbar zu machen, um beiderseitig neue Perspektiven zu gewinnen.

Darüber hinaus ist ein einseitiger Frieden möglich. Er ist besser als ein ständiger beidseitiger Kampf! Man muss nicht jedes Spiel mitmachen und schon gar nicht Gleiches mit Gleichem vergelten. Der einseitige Frieden hält dem anderen die Tür offen. Sie bleibt auch dann offen, wenn er sie verschmäht. Verantwortlich bin ich für meinen Anteil, nicht für den des andern. Das ist befreiend.

Allerdings löst das auch Unverständnis und sogar Ärger aus, weil die einseitige Aufkündigung der Konflikt-Bindung als Regelverletzung verstanden werden kann. Das hatte der amerikanische Bürgerrechtler Matin Luther King mit dem Prinzip der Gewaltlosigkeit bewusst so proklamiert. Es ging ihm darum, die „alten, eingewurzelten Vorstellungen unserer Gesellschaft zu brechen."[4] Er stellte dabei die gängigen und deshalb als regelhaft geltenden Verhaltensweisen im Umgang mit Konflikten – wie wir sie auch kennen – in Frage: Wie du mir, so ich dir; Hass gegen Hass; Gewalt gegen Gewalt; der Stärkere hat die Macht usw. Erlaubt sind auch unsaubere Mittel (aber nur auf meiner Seite!). Konfliktziel ist das Niederringen des anderen (Sieger-Verlierer-Schema) mit dem Triumph des Gewinners und der zu erwartenden Rache des Verlierers (die Konfliktbindung bleibt!) usw. – so wie mit den Konflikt-Stufen auf der Eskalationsskala (Grafik S. 49) dargestellt. Wer da nicht mitmacht, verletzt die „gängigen Spielregeln", löst Irritationen aus und verunsichert Konfliktbeteiligte.

So gesehen sind Texte wie die Bergpredigt (Mt 5-7), Röm 12,9-21 oder 1.Pet 3,8-16 eine ungeheure Anstiftung zur Regelverletzung. Aber genau genommen ist die ganze Bibel voll davon. Gott geht nicht mit uns um, wie wir mit ihm und miteinander. Er verletzt unsere Regeln. Gut so!

---

4 *Martin Luther King*: Warum wir nicht warten können, Frankfurt/Hamburg, 1965, 35.

Heilsamer Umgang mit der Vergangenheit

> *Wenn du im Groll der Vergangenheit feststeckst, wirst du deine Gegenwart verpassen und keinen Schritt in deine Zukunft gehen können!*

Wer gern kraftvoll nach vorn strebt, will „nicht von gestern" sein. Vergangenheit hat etwas von rückwärts gewandt sein und von ausgebremstem Fortschritt. Sollen sich die Alten damit beschäftigen; sie haben viel Vergangenheit hinter sich, aber wenig Zukunft vor sich im Leben. – Schön, wenn das so einfach wäre. Jemand, der als Kind Schlimmes erlebt hat (z. B. Missbrauch), verbindet da ganz andere Empfindungen mit der (mit seiner) Vergangenheit.

Mit dem Stichwort Vergangenheit verbinden wir noch andere Begriffe wie Geschichte, Historisches, Archäologie, Erinnerungen, Erfahrungen usw. Dabei berühren uns Vorkommnisse anders jeweils ob sie lange oder sogar sehr lange zurückliegen oder an uns nahe dran sind und vielleicht zu unserer eigenen Lebensgeschichte gehören.

Das Eigenartige ist, dass wir der Vergangenheit trotz der eben erwähnten Distanz zu ihr, leicht einen Charakterzug der Gegenwart zubilligen. Wir sprechen von „lebendiger Vergangenheit". Museen lassen uns Vergangenes „erleben". Wir „tauchen ein" in die Vergangenheit. Wir forschen über Geschehnisse der Vergangenheit und „holen sie in die Gegenwart", machen sie „uns (Gegenwärtigen) zugänglich". Die Vergangenheit ist nicht einfach tot. Sie verknüpft sich auf manchmal faszinierende oder auch befremdliche Weise irgendwie mit unserer Gegenwart. Wir greifen mit Interesse nach der Vergangenheit – z. B. weil wir etwas in Erfahrung bringen möchten – und die Vergangenheit greift unverhofft auch nach uns. Sie wird lebendigt, „sie holt uns ein", sagen wir manchmal verwundert. Entdeckungen im Vergangenen können uns beeindrucken oder auch beeinflussen. Mancher, der in Stasi-Archiven Hintergründe

5.

erhellen wollte, wodurch sein Leben in der damaligen DDR negativ beeinflusst wurde, ist zutiefst erschrocken über die Entdeckung und über das Ausmaß des Verrats durch Menschen, denen
er vertraut hatte. Diesen sehr le-
bendigen und geradezu aktiven
Zugriff der Vergangenheit auf Ge-
genwärtiges finden wir auch in
Aussagen wie: „Seine Vergangenheit wirft einen Schatten auf ihn."
oder: „Die Vergangenheit holte ihn
ein."

> **Manchmal glaubst du,**
> **du hättest die Vergangenheit**
> **hinter dir gelassen,**
> **bis du merkst,**
> **dass sie dich wieder einholt.**

Die Vergangenheit auszublenden, als ginge sie uns nichts mehr an,
ist schon aus diesen Erfahrungen ein Trugschluss. Nur nach vorne
sehen? Beim Autofahren ist das Nach-vorne-Schauen Pflicht, aber
ebenso sind Rückspiegel Vorschrift. Es könnte etwas von hinten
kommen, was mich jetzt sehr wohl betrifft wie bei dem Stasi-
Akten-Beispiel. Ebenso sind Trauma-Erfahrungen stets mit ihrem
Zugriff auf die Gegenwart krankmachend. Jeder Traumatisierte
weiß, wie ihn die Vergangenheit ganz aktiv einholen kann (Flash-
back). Deshalb ist ein Lernprozess zum Umgang mit der Vergangenheit kein nebensächliches Sandkastenspiel.

Wer glaubt, die Vergangenheit geringschätzen oder ausblenden
zu können, vergisst, dass er ohne seine Vergangenheit auch keine
Zukunft hätte. Wie will jemand etwas planen und künftig gestalten, wenn er auf keinerlei Kenntnisse und Erfahrungen zurück-
greifen kann? Wie könnte er erlittene Pleiten aus der Vergangenheit künftig vermeiden? Niemand fängt bei Null an. Gerade das
ist von Vorteil. Erfahrung ist der Schatz der Vergangenheit, der
hilft, die Zukunft zu gestalten.

Ich schreibe dies als jemand, der unseren Zugriff auf die Vergangenheit und umgekehrt diesen Zugriff der Vergangenheit auf
unsere Gegenwart und Zukunft im Blick hat. Gerade diese wirk-
same Gegenseitigkeit birgt ein nicht zu unterschätzendes Maß an
Einfluss auf unsere Entscheidungen, auf unseren Umgang mit uns
selbst und miteinander. Dadurch wird ein heilsamer Umgang mit
der Vergangenheit auch heilsam für unsere Gegenwart.

1. Vergangenheit tatsächlich als Vergangenheit wahrnehmen

Diese Überschrift klingt so simpel, dass sie überflüssig zu sein scheint. Aber das einleitend beschriebene Phänomen des Zugriffs der Vergangenheit auf unsere Gegenwart macht uns vielleicht doch nachdenklich. Es ist sicher hilfreich, einmal wahrzunehmen, dass niemand von uns Herr der Geschichte ist. Im Klartext: Niemand kann irgendetwas an dem ändern, was geschehen ist. Kein Wimpernschlag lässt sich rückgängig machen, kein ausgesprochenes Wort kann zurückgeholt werden, kein noch so großes oder kleines Geschehen der Vergangenheit ist für unseren manipulierenden Zugriff tatsächlich zu haben. Was geschehen ist, ist geschehen! Etwas „ungeschehen machen" wollen, ist ein Trugbild. Die Tatsachen der Vergangenheit sind schlicht Fakten.

1.1 Wir sind *geworden*

Wir sind *geworden*. Alles (wirklich *alles!*), was wir bisher erlebt haben, ist Bestandteil unserer Persönlichkeit heute. Deshalb kann der Neurobiologe Martin Korte pointiert behaupten: „Wir sind Gedächtnis."[1] Jedes Erlebte in der Vergangenheit hinterlässt einen Eindruck bei uns, wenn auch unbewusst. Es löst einen (Lern-)Effekt aus. Ganz simpel: Wer einmal eine heiße Herdplatte angefasst hat, vermeidet künftig derartige Kontakte. Angenehmes dagegen möchten wir gern wiederholen. Alles, was unsere Persönlichkeit bisher geformt hat, sind Erfahrungen aus der Vergangenheit. Niemand kann irgendwann erneut bei Null beginnen. In historischer Dimension nennen wir das: „Aus der Geschichte lernen". Das erkennt an, dass wir Geschichte haben – oder realistischer: Wir *sind* Geschichte.

Dazu müssen wir uns bewusst machen: Gegenwart ist nur eine Markierung zwischen Vergangenheit und Zukunft. Diese Markierung wandert stets weiter. Was wir heute tun, ist morgen Ver-

---

[1] *Martin Korte*: Wir sind Gedächtnis. Wie unsere Erinnerungen bestimmen, wer wir sind, München 2017.

gangenheit. Gerade darin liegt unsere Gestaltungsmöglichkeit für die künftige Vergangenheit. Wir sind deshalb nicht einfach nur Opfer unserer Geschichte und müssen deshalb alles so weitermachen wie bisher. Gerade die Reflexion über die Vergangenheit, hilft uns zur Gestaltung der Zukunft. Vergangenheit und Zukunft gehören – so gesehen – immer zusammen.[2] Wer nur die Zukunft im Blick hat, ist sich seiner eigenen Voraussetzungen nicht bewusst, um Zukunft gestalten zu können. Er wird höchstwahrscheinlich die Fehler der Vergangenheit wiederholen. Er hat sie ignoriert und nicht aus ihnen gelernt, aber sie waren und sind Teil von ihm und haben ihn geprägt auch im Hinblick auf zukünftiges Handeln. Vielleicht hilft ein Beispiel aus der Drucker- bzw. Setzersprache:

Es gibt „Hurensöhne" und „Schusterjungs". Hurensöhne sind Satzreste eines Absatzes in der ersten Zeile einer neuen Seite. Hurensöhne wissen nicht, wo sie herkommen (wer ihr Vater ist). Schusterjungs nennt man die Texte einer ersten Zeile eines Absatzes am Seitenende. Sie wirken verloren, man weiß nicht, wie es weitergeht. Schusterjungs haben – bildlich gesprochen – eine ungewisse Zukunft (weil sie von ärmlicher Herkunft sind).

Manche Menschen (und Gemeinden?) verhalten sich wie Hurensöhne und Schusterjungs gleichzeitig, sie wissen nicht, woher sie kommen und wohin sie gehen. Das ist ein traurig-orientierungsloses Dasein.

1.2 Manipulierbare Erinnerung

Die Tatsache anzuerkennen, dass unsere Vergangenheit untrennbar zu uns gehört und uns geprägt hat (und zwar so wie sie ist!), fällt uns schwerer, als wir gern wahr haben möchten. Das wird deutlich an den vielen Versuchen, Vergangenes zu leugnen, neu zu interpretieren, mit Beschönigungen zu versehen usw. Gehen wir von der Tatsache aus, dass niemand vergangenes Geschehen in irgend einer Weise verändern kann, dann stellen wir fest, dass es

---

2 Typisches Beispiel für diese Zusammenschau ist schon der Titel der Bände von *Hartmut Weyel*: Zukunft braucht Herkunft. Lebendige Porträts aus der Geschichte und Vorgeschichte der Freien evangelischen Gemeinden. Band I+II, Witten 2009 u. 2010.

uns eigentlich darum geht, die *Gegenwart* zu beeinflussen in ihrem Umgang mit der Vergangenheit. Nicht die Vergangenheit, sondern die Erinnerung an sie, der Umgang mit ihr, soll korrigiert oder manipuliert werden.

Beispiele dazu gibt es genug. Denken wir an die „Schlussstrich"-Diskussion in den 1960er Jahren, als die Ausschwitz-Prozesse für öffentliche Debatten sorgten. Denken wir an das Reformationsjubiläum 2017. Die Organisatoren machten aus diesem Ereignis des 16. Jahrhunderts hauptsächlich eine Wittenberger Luther-Reformation, obwohl die damalige Geschichte sehr viele andere Initiatoren und Bewegungen zu bieten hat. Immer wieder geht es um die Deutungshoheit über die Vergangenheit. *Was* sollte erinnert werden und was nicht? *Wie* sollte erinnert werden? *Wer* bestimmt das? Um persönlich zu werden: Welche Erinnerungen aus der eigenen Geschichte kann ich ertragen und zulassen, öffentlich machen oder will ich schamhaft verschweigen? Mache ich aus einer erlebten Konfliktgeschichte ein Heldenepos oder eine Opfertragödie? Beides ist oft bei gleichem Tatbestand durchaus denkbar.

Wie schon angedeutet, ist Erinnerung zunächst ein Akt der Gegenwart. *Heute* erinnere ich mich an Vergangenes. Wie ich das tue, bestimme ich, bestimmen wir, heute. Ohne hier in tiefenpsychologische Abgründe zu versinken, ist doch offensichtlich, dass auch Erinnerung interessegeleitet ist. Verharmlosung, Dramatisierung, Parteilichkeit usw. können Leitmotive sein. Das Bestreben, selbst Teil einer guten Sache aus der Vergangenheit zu sein, wiegt schwerer als Objektivität. Die Psychologie lehrt uns, auch unserem Erinnerungsvermögen gegenüber kritisch zu sein. Die sich daraus ergebenen Fehler der Erinnerung überspringe ich aber einfach, weil das kein für uns bewusst steuerbarer Vorgang ist. Mir geht es um den mehr oder weniger bewussten Einfluss, den wir uns auf den Umgang mit der Vergangenheit erlauben.

Genau genommen scheint uns die Vergangenheit korrekturbedürftig zu sein, sonst würden wir sie nicht beschönigen oder verdunkeln oder in einer für uns wünschbaren Auswahl behandeln. Wir wollen sie sogar „bewältigen". Kann man das überhaupt? Die Frage, warum wir uns so verhalten, hat mit der schon angesprochenen Interessenleitung zu tun. Diese wiederum begründet sich darin, dass niemand von uns ohne Geschichte, ohne Vergangenheit ist. Wir sind *geworden*. Was und wodurch wir geworden sind, der wir heute sind, hat mit unserer Identität bildenden Vergangenheit zu tun. Das schließt nicht nur die eigene Person ein, sondern auch den Bereich dem wir uns zugehörig fühlen, also die Familie, das weitere soziale Umfeld, der berufliche Werdegang, die Nationalität usw. Letzteres zeigt sich bei Fußball-Länderspielen oft überdeutlich. Und wo es um unsere Identität geht, sind wir sehr sensibel. Mag die eigene Familie durchaus peinlich sein, so verteidigen wir sie bei Einmischungen von außen vehement usw. So kann sich jeder selbst fragen, welche Motive warum unseren Umgang mit der Vergangenheit beeinflussen. Meine These ist: Wir neigen zu Beschönigungen oder Abwertungen, wenn das für unsere Identität sinnvoll und nützlich erscheint.

Typische Beispiele sind Geschichten der eigenen Familie (bei Ehejubiläen, Beerdigungen), Chroniken des eigenen Vereins, geschichtliche Darstellungen zur eigenen Kirchengemeinde. Wenn der Verfasser Negatives durchaus sachgerecht darstellt, wird er leicht zum „Nestbeschmutzer", denn er berührt damit auch die Identität anderer (das gemeinsame Nest). Das löst Abwehr aus. Erlaubt sind gerade noch so verschleiernde – für mich immer etwas verdächtige – Formulierungen wie: „Es ging durch Höhen und Tiefen…".

1.3   Was kann im Umgang mit der Vergangenheit hilfreich sein?

Da, wo unsere Identität verunsichert wird, z. B. durch heftige Negativ-Erfahrungen, neigen wir zu einem ungesunden Spiel mit der Erinnerung. Das müssen wir uns bewusst machen. Deutlich wird der Tatbestand am ständigen Erinnern der Vorgänge z. B. in schlaflosen Nächten. Dabei drehen sich die Gedanken nicht nur im Kreis, sondern sie produzieren stets neue Varianten eines möglichen eigenen Verhaltens in der Vergangenheit. Hätte ich dies, hätte ich jenes gesagt oder getan, wäre die Sache sicher anders und vor allem besser gelaufen. Wir erfinden die alte Geschichte immer wieder neu, ohne sie tatsächlich ändern zu können.

64

Nichts gegen eine gründliche Reflektion des Geschehenen. Aber wir müssen uns bewusst machen, dass unser gekränktes Ego in unseren Gedanken immer wieder Schlachten neu schlagen lässt, die längst geschlagen sind und der Vergangenheit angehören, selbst wenn die Erinnerung noch schmerzhaft frisch ist. Wir müssen die Tatsache akzeptieren, dass wir gedanklich und emotional etwas auf Dauer frisch halten, was längst unwiederbringlich der Vergangenheit angehört. Geschehen ist geschehen! Ob uns das gefällt oder nicht. Alles andere könnte nur zu einer Revanche-Schlacht führen. Aber selbst die kann die vorige nicht ungeschehen machen, egal wie die neue Schlacht ausgeht.

Erstes Fazit: Ich akzeptiere die Vergangenheit, egal wie sie zu beurteilen ist. Ich integriere sie in meine Geschichte. Sie gehört ab jetzt dazu. Sie ist jetzt ein Teil meiner selbst. Und wenn ich zu mir Ja sage, dann auch zu meiner Geschichte, mag sie noch so bedauerlich erscheinen. *Akzeptanz* ist einer der anzusprechenden Schlüsselbegriffe. Akzeptanz mag schmerzlich sein, sie ist aber heilsamer als das ständige „hätte…", „wäre…", „hätten meine Eltern damals…", „hätte ich bei dieser oder jener Entscheidung…", „wäre mein Chef nicht…" usw. Alles das lässt mich dauerhaft hadern mit einer Vergangenheit, die ich nie mehr ändern kann. Also ist es besser, sie zu akzeptieren. Gerade weil das oft schmerzlich ist, würden wir zu gern noch etwas nachträglich ändern. Aber das geht nicht mehr. Also ist es besser, die Vergangenheit in die eigene Geschichte zu integrieren um dadurch die Freiheit zu gewinnen, die Zukunft zu gestalten. Wenn unser Lebensauto Beulen erhalten hat, dann fahren wir eben mit einem verbeulten Auto weiter. Das mag nicht schön sein, aber stehen bleiben und die Beulen bejammern, bringt uns nicht ans Ziel.

Ein Gelähmter am Jerusalemer Teich Bethesda, einer Art Krankenstation, wurde von Jesus besucht (Joh 5). Der ließ eine heftige Klagekaskade ab: „Keiner hat mir bisher geholfen. Alle andern hatten es besser!" Jesus ermutigte ihn und forderte ihn auf, diese beklagte Situation hinter sich zu lassen und die Zukunft zu gestalten: „Nimm dein Bett und geh!" Die Reaktion des Kranken ist verblüffend. Er hatte offensichtlich seine Krankheit und damit seine bisherige Geschichte verinnerlicht und fixiert. Seine Rolle im Selbstmitleid wollte er lieber behalten und sich der ungewohnten Verantwortung für die Zukunft verweigern. Nach empfangener Hilfe zeigte er sich Jesus gegenüber nicht etwa dankbar wie so viele andere, sondern er zeigte Jesus bei den frommen Juden an, Jesus hätte ihn angestiftet, am Sabbat verbotenerweise seine Matte zu tragen. (Joh 5,11)

1.4 Willkommen in Holland

Zum Umgang mit schlimmen Erfahrungen gehört eine kleine Geschichte, die zu sehr vielen Lebensgeschichten und gerade auch Schicksalsschlägen passt: „Willkommen in Holland". Ich fand sie in einem Buch der Psychotherapeutin Lori Gottlieb.[3] Die Geschichte bezieht sich zwar auf enttäuschte Hoffnungen, ist also auf die Zukunft ausgerichtet. Aber enttäuschte Hoffnungen gehören schließlich auch zu „Pleiten, Pech und Pannen" unserer Vergangenheit:

Nachdem Julie erfahren hatte, dass sie sterben würde, schickte ihre beste Freundin Dara ihr mit den besten Absichten den bekannten Essay »Welcome to Holland« von Emily Perl Kingsley. Kingsley ist Mutter eines Jungen mit Trisomie 21 [Down-Syndrom], und sie schildert in diesem kurzen Text, wie durch diese Erfahrung das Leben vollkommen auf den Kopf gestellt wird:

Wenn Sie ein Kind erwarten, dann ist das, als würden Sie eine fabelhafte Urlaubsreise nach Italien planen. Sie besorgen eine Menge Reiseführer und machen tolle Pläne. Das Kolosseum. Der David von Michelangelo. Die Gondeln in Venedig. Sie lernen vielleicht sogar ein paar nützliche Brocken Italienisch. All das ist unglaublich aufregend.

Nach Monaten der Vorfreude ist der Tag endlich gekommen. Sie packen ihre Sachen und ziehen los. Einige Stunden später landet das Flugzeug. Der Flugbegleiter kommt und sagt: »Willkommen in Holland.«

»Holland!?«, entgegnen Sie. »Wieso Holland? Ich wollte nach Italien! Meine Reise sollte mich nach Italien bringen. Mein ganzes Leben habe ich davon geträumt, nach Italien zu fliegen.«

Aber dummerweise wurde der Flugplan geändert. Jetzt sind Sie in Holland und müssen da bleiben.

---

3 *Lori Gottlieb*: Vielleicht solltest du mal mit jemandem darüber reden, Regensburg, [2]2020, 103-104.

Das Wichtigste ist nun, dass Sie keineswegs in einem grauenhaften, abstoßenden, schmutzigen Land gelandet sind, das geplagt ist von Seuchen, Hunger und anderen Krankheiten. Es ist einfach nur anders.

Also müssen Sie sich neue Reiseführer besorgen. Und eine neue Sprache lernen. Und Sie werden neue Leute treffen, die Sie sonst niemals kennengelernt hätten.

Es ist einfach nur ein anderes Land, in dem alles langsamer läuft als in Italien und das weniger schick ist. Nachdem Sie eine Weile dort zugebracht haben und wieder zur Ruhe gekommen sind, sehen Sie sich um ... und stellen fest, dass es in Holland Windmühlen gibt ... und Tulpen. Holland hat sogar Rembrandts.

Aber jeder in Ihrem Bekanntenkreis fährt immer nur nach Italien und erzählt danach, wie toll es dort war. Und Sie werden für den Rest Ihres Lebens sagen: »Ja, da wollte ich auch mal hin. Zumindest hatte ich das geplant.« Und der Schmerz darüber wird Sie nie, nie, nie, nie, nie mehr loslassen ... denn der Verlust Ihres Traumes ist ein bedeutender Verlust.

Aber ... wenn Sie Ihr Leben in Trauer darüber verbringen, dass Sie nicht in Italien gelandet sind, dann werden Sie nie die Freiheit finden, diese sehr schönen und ganz besonderen Dinge schätzen zu lernen, die Holland zu bieten hat.

Julie war stinksauer, als sie den Text bekam. Schließlich war an ihrem Krebs definitiv nichts Besonderes oder Schönes. Dara aber, deren Sohn unter einer schweren Form von Autismus litt, sagte Julie, darum ginge es nicht. Sie stimmte ihr zu: Julies Prognose war niederschmetternd und unfair und warf alles über den Haufen, was Julie für ihr Leben geplant hatte. Sie wolle nur nicht, dass Julie in der Zeit, die ihr blieb und das konnten gut zehn Jahre sein –, alles verpasse, was sie durchaus noch hatte: ihre Ehe. Ihre Familie. Ihre Arbeit. Sie konnte diese Dinge immer noch genießen, nur eben in Holland.

In unseren Erinnerungen können wir vielleicht auch manche Station so einordnen, also: Willkommen in Holland! Aber das ist eine positive Einordnung, ein Ja-Sagen zu unserem bisherigen Leben wie es nun einmal ist. Das befreit, Neues zu wagen und es offen zu gestalten.

Zweites Fazit: Wer sich der Vergangenheit stellt und sie annimmt, kann seine Zukunft befreit und verantwortlich gestalten. Dazu können auch die nachfolgenden Gedanken helfen.

2.   Versöhnt mit Vergangenheit und Gegenwart

Vergangenes nüchtern und versöhnt einzuordnen, ist eine Sache. Anders verhält es sich, wenn Vergangenes sich tatsächlich und wirksam in unsere Gegenwart einmischt und kräftig mitmischt (s. o. das Stasi-Beispiel). Machen wir uns nichts vor: Eine belastete Vergangenheit belastet auch die Gegenwart und Zukunft. So werden wir z. B. in der öffentlichen Diskussion herausgefordert, uns als Bundesrepublik auseinanderzusetzen mit unserer kolonialen Vergangenheit und der Ausstellung von Beutekunst.

Diesem Zugriff der Vergangenheit ist jeder von uns auch ausgesetzt. Wenn ich selbst eine Schuld auf mich geladen habe, die mich plagt, oder wenn jemand anderes mir einen nachhaltigen Schaden zugefügt hat. Das lässt sich nicht einfach abhaken. Das heilt nicht von allein mit einem „Gras drüber wachsen" lassen. Das „Gras" verdeckt nur, was darunter vorhanden ist. Hier spielt auch mein Verhältnis zu anderen Personen eine Rolle. Wer versöhnt mit Vergangenheit und Gegenwart leben will, muss dann auch versöhnt mit seinen Mitmenschen leben. Damit öffnet sich vor uns ein Minenfeld. Das kann man nicht im Schnelldurchgang durchschreiten.

Hier werde ich theologisch. Die Begriffe *Vergebung* und *Versöhnung* rücken ins Blickfeld. Vergebung betrifft immer vergangenes Geschehen, auch wenn es eben gerade erst war. Versöhnung schließt Vergebung mit ein, hat aber vordringlich die Zukunft im Blick, weil sie eine künftige Gemeinsamkeit ermöglichen soll und kann. Vergebung kann einseitig sein: Ich vergebe. Punkt. Versöhnung bezieht den anderen mit ein. Er kann sich dem öffnen oder verschließen. Das ist seine Sache. Aber er hat bei mir eine offene Tür zu einem versöhnten Verhältnis.

In der Bibel zeigen beide Begriffe auf das eigentliche Kernthema Gottes uns Menschen gegenüber. Gott will keine schuldverursachte Trennung. Er bemüht sich selbst um Versöhnung mit uns. Zugleich zeigt sich das Ganze auch als Kernthema für unseren menschlichen Umgang miteinander. Es ist dabei hilfreich beide Begriffe (Vergebung und Versöhnung) einzeln zu betrachten. Es gibt zu viele Missverständnisse, die einen praktikablen Umgang damit verhindern können.

2.1 Vergebung

„Wer vergibt, muss auch vergessen!" Diese Behauptung ist Unsinn. Das funktioniert nicht. Gerade besonders emotionsbeladene Erfahrungen lassen sich nicht aus der Erinnerung löschen. Sie sind es ja, die uns umtreiben können. Unser Gehirn hat keine Löschtaste, egal was wir erlebt haben. Wir können dankbar sein für unser Erinnerungsvermögen. Menschen, die krankheitsbedingt vergessen (z. B. bei Demenz), verlieren ihre Persönlichkeit. Das kann kein Ziel der Vergebung sein. Übrigens ist die Bibel voller längst vergangener Geschichten über Schuld und Vergebung. Wäre das Vergessen eine dazugehörige Notwendigkeit, hätten wir eine Bibel mit vielen leeren Seiten. Außerdem: Kann jemand aus Fehlern lernen, an die sich niemand erinnert?

Vergebung ist im biblischen Sinne der Verzicht auf Rache. Eine schlimme Sache ist geschehen, sie lässt sich nicht rückgängig machen, sie bleibt in Erinnerung. Ich kann sie ansprechen und beurteilen, aber ich schlage die Schlacht nicht erneut. Das ginge nur, wenn ich auf Rache sinnen würde. Wenn Gott Schuld vergibt, heißt das: Er rächt sich nicht an mir. Das wäre auch fatal. Daran kann ich mich orientieren, wenn ein anderer an mir schuldig wurde. Der Verzicht auf Vergeltung ist auch typisch für die befreiende Lösung aus einer Konfliktbindung (s. Artikel „Immer diese Konflikte", besonders S. 47f.). Mir ist dadurch die Freiheit gegeben, einseitig zu vergeben. Dagegen kann sich ein Konfliktgegner nicht einmal wehren. „Vater, vergibt ihnen, denn sie wissen nicht, was sie tun!", ist das Gebet Jesu bei seiner Kreuzigung, obwohl seine Peiniger einfach weitergemacht haben. (Lk 23,34)

Nach dem 2. Weltkrieg waren und sind bis heute liegengebliebene und verborgene Blindgänger sehr gefürchtet. Werden sie entdeckt, müssen ganze Viertel geräumt werden. Ein Spezialkommando versucht die Bombe zu entschärfen, indem der Zünder ausgebaut wird. Die Bombe hat dann immer noch ihren gefährlichen Inhalt, aber sie geht nicht mehr hoch. Entwarnung! So können wir auch Vergebung verstehen: Das Geschehene ist nicht weg, aber es hat seine zerstörende Gefahr verloren. Wir legen keine Lunte an den Sprengstoff der Vergangenheit. Vergebung ist wie der ausgeschraubte Zünder.

Ein weiterer Irrtum ist, man könne Vergebung einfordern oder erzwingen. Die entsprechende Bitte im Vaterunser mit dem Zusatz „…wie auch wir vergeben unsern Schuldigern" ist quasi eine Selbstverpflichtung im Sinne von „wir wollen künftig auch so gegenüber anderen handeln, wie du Gott mit uns". Die Aufmunterung in Kol 3,13 „Vergebt einander, wenn einer gegen den anderen eine Klage hat", gehört zu einer ganzen Reihe praktischer Tipps zum erfreulichen Umgang miteinander. Eine Ermutigung ist kein Gesetz, schon gar nicht als Druckmittel in der Hand eines „schlimmen Fingers" im Sinne von „Du *musst* mir vergeben!"

Wer vergibt, tut das aus seiner Freiheit und Einsicht heraus. Er gewinnt damit erst recht seine Freiheit zurück im Umgang mit sich selbst, seinen belastenden Erinnerungen und seinem Gegenüber. Allerdings müssen wir manchmal uns selbst vergeben, weil uns Selbstvorwürfe plagen. Das eigene verletzte Ego bedarf zunächst der Versöhnung. Das scheint anfangs die größte Hürde zu sein. Aber wenn uns dies gelingt und wir darüber zur Ruhe kommen, gewinnen wir die Freiheit, dem anderen zu vergeben und ihm eine Tür zur Versöhnung offen zu halten.

Einseitige Vergebung ist auch ein Weg, mit dem Groll gegen seine längst verstorbenen Eltern klar zu kommen, wenn sie an falschen Weichenstellung im eigenen Leben beteiligt waren. Sie können ohnehin nicht mehr um Vergebung bitten.

2.2   Versöhnung

Versöhnung basiert auf der Vergebung, also dem Verzicht auf Rache. Nur durch diesen Verzicht kann mein Gegenüber das Vertrauen gewinnen, dass ich nicht auf eine Chance zur Revanche warte, sondern auf eine gute oder wenigstens normale Beziehung aus bin.

Alles dies kann man als psychologisches Selbstheilungs-Getue abwerten. Aber schauen wir genau hin, dann entdecken wir in der Bibel: Das ist genau die Art, mit der Gott die gestörte Beziehung zu uns Menschen heilen will. Flapsig ausgedrückt „springt Gott über seinen eigenen Schatten", lässt sein „gekränktes Ego" hinten anstehen und signalisiert uns: „Ich habe keinen Gefallen am Tod des Sünders, sondern dass er umkehre und lebe." (Hes 33,11) Dazu gehört dann seine offene Versöhnungstür für uns mit einem Liebesbeweis, der durch nichts mehr zu toppen ist. Er lässt es zu, dass Jesus – als Gottes Mensch gewordene Liebe – durch die Hand derer stirbt, die ohne Versöhnung verloren gehen. Wie verrückt muss einer sein, der sich so verhält? Gott ist so! Aber zur Versöhnung gehören immer zwei. Vergebung kann einseitig sein, Versöhnung ist immer zweiseitig. Wir müssen durch die Versöhnungstür Gottes auch gehen, sonst bleibt alles für uns wirkungslos.

Hier schließt sich der Gedankenkreis um eine versöhnte Vergangenheit und Gegenwart. Gott schenkt uns die Möglichkeit, mit ihm, mit uns selbst und miteinander versöhnt zu sein. Das schließt Vergangenheit, Gegenwart und die Zukunft mit ein. Das, womit ich versöhnt bin, muss ich nicht mehr verdrängen oder leugnen. Wohl dem, der sich in diesem Prozess der Versöhnung mit seiner Vergangenheit und damit auch mit sich selbst und anderen in Gottes Hand geborgen weiß! Gott begleitet den Heilungsprozess, schließlich kennt er sich damit am besten aus.

Der Umgang mit der Vergangenheit ist nach dem bisher gesagten kein „Wisch und weg". So könnte man Paulus missverstehen. Er schreibt in Phil 3,13: „Ich vergesse (*epilantanómenos* = der Nichtbeachtung anheim geben), was hinter mir liegt und strecke mich nach dem aus, was vor mir liegt ..." Paulus leugnet nicht die Vergangenheit, er tut sie nicht einfach ab, zumal er sehr wohl wusste, mit der Vergangenheit seines Volkes und der seiner eigenen Biografie zu leben. Die ganze Bibel ist Vergangenheit und bezeugt Vergangenes. Gut, dass wir sie haben! Aber Paulus weiß seine eigene Vergangenheit (z.B. als ehemaliger Christenverfolger) einzuordnen. Sie hat nicht mehr das Gewicht, dass sie ihn vom Ziel abhalten könnte. Er ist mit ihr versöhnt. Man könnte deshalb auch formulieren: „Ich habe meinen Frieden mit meiner Vergangenheit gemacht und muss mich nicht immer wieder mit ihr auseinandersetzen. Ich kann deshalb kraftvoll nach vorn streben." Gerade darin liegt die Freiheit und Dynamik seiner Zielorientierung.

2.3 Die Schuldfrage

Eine Sache habe ich ausgelassen. Es sind die Beulen am Lebensauto. Hat sie mir ein anderer verabreicht, kann ich ihm das vergeben. Aber davon gehen die Beulen nicht raus. Und wenn mich einer fragt, weshalb ich mit diesen Beulen fahre und wer der Übeltäter war, was sage ich dann? Soll ich die Beulen fälschlicherweise mir selbst zuschreiben und den Verursacher verheimlichen? Soll ich den Schaden einfach hinnehmen als wäre nichts geschehen? Soll ich den Übeltäter trotz meiner Vergebung erinnern und vermahnen, er habe noch etwas in Ordnung zu bringen?

Mir scheint hier eine offene Wunde unbedacht übergangen zu werden. Und das auch in unseren theologischen Sonntagsreden. Das, was in der Juristerei ein „Schadensausgleich" genannt wird, fehlt in der frommen Tradition. Deshalb realisiert unsere Vorstellung von Vergebung und Versöhnung in Wirklichkeit eher ein „Täterschutzprogramm". Das Opfer steht dumm da. Die Geschichte vom Zöllner Zachäus bei dessen Begegnung mit Jesus (Lk 19,1-10) spricht eine ganz andere Sprache: „Wenn ich jemandem etwas erpresst habe, gebe ich es vierfach zurück." Das muss klar sein: Vergebung beseitigt nicht den entstandenen Schaden. Wenn durch Vergebung Schuld beseitigt wird, dann doch nicht der entstandene Schaden und die Verantwortung dafür! Hier können wir uns schlecht an Gott orientieren, denn wie und womit sollten wir ihm gegenüber irgendetwas jemals in Ordnung bringen. Wir leben von seiner Gnade. Aber untereinander wäre es ein Zeichen der ehrlich gewünschten Versöhnung, seitens des Verursachers einen Schadensausgleich anzustreben. Gelingt das nicht, bleibt der Geschädigte auf dem Schaden sitzen. Als der Vergebende, mag er auch das hinnehmen. Er muss es vielleicht auch und muss sich auch damit aussöhnen. Aber niemand und schon gar nicht der Schädiger kann ein Recht daraus ableiten, frei von seinen Pflichten zu sein. Er mag damit sein Gewissen weiterhin belasten. Eine Versöhnung bleibt hier unvollständig, denn sie bedarf ja beider Seiten. Es bleibt in jedem Fall der Status einseitiger Vergebung bestehen. Das müssen dann auch beide Seiten akzeptieren. Der Vergebende hat aber den „Vorteil", darüber zum inneren Frieden zu kommen, wenn er diese Situation in seine Geschichte integriert, sie damit akzeptiert. Auch der angerichtete Schaden gehört jetzt zu ihm.

3. Fazit

„Heilsamer Umgang mit der Vergangenheit" war unser Thema. Das „heilsam" spricht unsere Verletzlichkeit an. Sie zu leugnen, heilt uns nicht. Ist sie uns aber bewusst und denken wir nach über das, was in belastenden Situationen mit uns passiert, können wir auch viel aufmerksamer und heilsamer damit umgehen. Wir suchen dann die Ausgangstüren aus unserer Verletztheit an der richtigen Stelle. Das meine ich auch mit der Reflexion über derartige Geschehnisse. Das soll ja gerade kein Grübeln sein, in dem ich unsinnigerweise alte Schlachten in Gedanken wiederhole. Die Reflexion bezieht die Auswege *Akzeptanz*, *Vergebung* und *Versöhnung* in die Überlegungen mit ein. Damit kann ein verunsicherter Mensch den aufrechten Gang einüben und gewisse Schritte vorwärts wagen.

Ein Beispiel zum Schluss: Nach 27 Jahren wurde der Schwarzenführer Nelson Mandela aus seiner Haft entlassen. Mit ihm gab es einen friedlichen Übergang zu einer schwarzen Mehrheitsregierung in Südafrika. Gleich nach seiner Haft forderte er auf zur Versöhnung. Als ein Maß für die Größe eines Menschen kann die *Fähigkeit zur Vergebung* angesehen werden. Sie ist Voraussetzung für eine Versöhnung, in diesem Fall nach 27 Jahren eines gestohlenen Lebens. Auf seinen Ansatz geht die Aktion „Healing of Memories" zurück, die 1996 in die Arbeit der Wahrheits- und Versöhnungskommission in Südafrika nach der Apartheid einmündete und sich mit dem Namen des Friedensnobelpreisträgers Bischof Desmond

Tutu verbindet. Das *Insitute for Healing of Memories* in Kapstadt leistet heute weltweit – besonders auch in den USA – einen Beitrag zu einer „Reise zur Heilung" für einzelne Menschen, Gemeinschaften und Nationen. Dazu gehört der Grundsatz *Michail Lapsleys*: „Wir alle bedürfen der Heilung aufgrund dessen, was wir getan haben, was wir versäumt haben zu tun und was uns angetan wurde"[4].

„Ohne Gedächtnis gibt es keine Heilung.
Ohne Vergebung gibt es keine Zukunft."
(Desmond Tutu)

---

4 So *Michail Lapsley* in: www. ikm-hamburg.de/meldungen/2018-06/father-michael-lapsley-in-hamburg. Lapsley verlor beide Hände und teilweise das Augenlicht durch eine Briefbombe von Apartheidvertretern und trat gerade deshalb weltweit für Versöhnung ein.

Die Sache mit dem Kontrollverlust

Es gibt – für mich jedenfalls – so eigenartige Fragen und Empfindungen beim Bibellesen. Nehmen wir einmal Mt 10, 39. Da sagt Jesus: „Wer sein Leben findet, der wird es verlieren; und wer sein Leben verliert um meinetwillen, der wird es finden." Oder Jesus gibt einen

Tipp an einen jungen Mann in Mt 19, 21: „Verkaufe alles, was du hast und gib es den Armen, und du wirst einen Schatz im Himmel haben." Ähnlich geht es mir bei recht eindeutigen Formulierungen Jesu in der Bergpredigt, wenn es um Feindesliebe geht (*andere Wange hinhalten*, Mt 5, 43-48), um haarsträubende Konsequenz im Umgang mit der eigenen Sünde (*Auge ausreißen, Hand abhacken*, Mt 5, 27-30). Er empfiehlt auch sehr das Loslassen der *Sorge um die Vorsorge* (Mt 6, 27.31): „Wer ist aber unter euch, der seiner Länge eine Elle zusetzen könnte, wie sehr er sich auch darum sorgt?... Darum sollt ihr nicht sorgen und sagen: Was werden wir essen? Was werden wir trinken? Womit werden wir uns kleiden?" Diese Texte sind nur Beispiele. Sie und viele andere lösen nicht gleich Glücksgefühle und Anbetungsjubel aus. Sie gibt es in der Bibel in Hülle und Fülle. Da mag jeder seine eigenen Stolpersteine hinzufügen.

Meine Frage ist: Warum fühle ich mich (oder fühlen wir uns) bei solchen Aussagen unangenehm berührt? Ist es das Empfinden unserer Unvollkommenheit, des schlechten Gewissens, der Überforderung? Und: Wie gehen wir mit solchen Texten um? Auch wenn wir einige der genannten Beispiele als bewusst übertrieben einordnen, so zeigen sie doch eindeutig die Richtung an. Starten wir dann schnell unsere Abwehr, indem wir sie für zu radikal erklären und damit ihre Gültigkeit für uns abschwächen?

Ich möchte diese Gedanken und Empfindungen mit einem unserer Grundbedürfnisse in Verbindung bringen. Es ist unser **Bedürfnis nach Kontrolle**. Das klingt vielleicht sehr nüchtern, aber es hat es in sich.

Unser Kontrollbedürfnis ist lebens- und überlebenswichtig. Das kann schon jeder nachvollziehen, dem einmal schwindelig wird. Wie viele Krankheitsbilder gibt es, bei denen sich jemand nur ein- geschenkt bewegen kann wenn z.B. nach einem Schlaganfall die Zunge versagt, wenn jemand an Parkinson leidet usw.? Alle Be- wegungsabläufe vom Laufenlernen bis zu anspruchsvollen Sport- disziplinen sind eine Frage der Kontrolle, die wir erst einmal durch Training gewinnen müssen.

Wer Höhenangst hat, merkt, dass er ab einer gewissen Höhe die Kontrolle verlieren könnte und meidet derartige verunsichernde Situationen. Wir haben einmal im Hochgebirge erlebt, wie eine junge Frau sich völlig erstarrt und verkrampft mit beiden Händen in den Felsen krallte, weil ihr Blick nach unten sie schaudern ließ. Das ist totaler Kontrollverlust. Ähnliches kennen wir bei Menschen, die Fahrstühle oder andere enge Räume meiden. Sie haben Angst, in dieser Situation die Kontrolle und damit auch die Selbstkontrolle zu verlieren. Überhaupt lassen sich viele Ängste als Angst vor Kon- trollverlust ansehen, als Angst vor Situationen, die wir nicht steu- ern, nicht abwehren, nicht beherrschen also kontrollieren können. Das macht hilflos oder wütend. Wir trainieren Abwehr- oder Ver- meidungstaktiken.

Das berührt schließlich unser Selbstbewusstsein und deshalb auch unsere Stellung in der Gesellschaft. Im Umgang mit unseren Mitmenschen spielt Kontrolle bzw. Selbstkontrolle eine Schlüssel- rolle. Wir möchten Situationen und uns selbst dabei unter Kontrolle halten können. Es macht uns wütend, wenn uns jemand bevor- mundet, ohnmächtig macht, über uns entscheidet, uns also die Kontrolle über eine uns betreffende Situation raubt. Wer deshalb vor Wut ausrastet, hat zusätzlich auch noch die Selbstkontrolle verloren. Die Wut mag begründet sein, der Verlust der Selbstkon- trolle aber löst Scham aus, weil wir nicht einmal uns selbst im Griff haben. Wenigstens das müssten wir doch eigentlich.

Unser Kontrollbedürfnis versucht gegen den möglichen Verlust anzugehen. Damit leben wir in einem ständigen Spannungsver- hältnis. Je größer die Angst vor Kontrollverlust – und das ist der scheinbare Widerspruch – desto eher werden wir tatsächlich die Kontrolle verlieren. Die Beispiele mit der Höhenangst und dem Wutausbruch zeigen das. Je größer unser Bedürfnis nach Kontrolle, desto größer die Angst vor Kontrollverlust. Und gerade Angst ist ein sehr schäbiger Kontroll-Killer!

Zur Angst vor Kontrollverlust gehört auch die Entscheidungsangst. Solange wir über die Wahl zwischen verschiedenen Möglichkeiten verfügen, haben wir die „Macht" der Entscheidung. Treffen wir eine Wahl, verlieren wir alle anderen Optionen und müssen mit der Entscheidung leben, vielleicht mit der Befürchtung, die falsche Wahl getroffen zu haben. Das begründet zögerliches und zweifelndes Verhalten in Entscheidungssituationen.

Angst vor Kontrollverlust ist oft auch ein Beziehungskiller. Eine verbindliche Partnerschaft eingehen kann ich nur, wenn ich bereit bin, im Vertrauen auf die andere Person, mein Leben vom Singledasein auf die Partnerschaft umzustellen. Das gemeinsame Leben funktioniert nur im Vertrauen, dass ich mich auf die andere Person verlassen kann. Misstrauen und eifersüchtiges Hinterherspionieren offenbart zwar mein Bedürfnis, alles unter Kontrolle zu halten. Es ist aber wie ein Eigentor. Das was mir lieb ist, zerstöre ich selbst, denn kaum eine Partnerschaft hält so etwas aus.

Allein an diesem Beispiel wird deutlich: *Vertrauen* ist das Gegenstück zur Angst vor Kontrollverlust. Vertrauen ist ein Beziehungsgeschehen. *Pístis*, dieser griechische Begriff im Neuen Testament, der in Bibelausgaben in der Regel mit „Glauben" übersetzt wird, ist gleichbedeutend mit Vertrauen. Ich glaube jemandem, d. h. ich vertraue ihm. Es geht im Glauben also nicht um das Fürwahrhalten von Dogmen, sondern um eine vertrauensvolle Beziehung. Ich vertraue Gott; ich vertraue mich ihm an; ich habe Vertrauen zu seinen liebevollen Absichten mit uns Menschen.

Die Begriffe „Angst" und „Verlust" sind klar negativ besetzt. Deshalb treten sie zu „Vertrauen" als positivem Gegenstück in Konkurrenz. Dadurch kann Jesu Einladung „Komm, folge mir nach!" als Verlust an eigener verantwortlicher Lebensgestaltung empfunden werden, wenn das Vertrauen zu Jesus fehlt. Da sind wir wieder bei dem Partnerschaftsproblem (s. o.). Wer vertrauensvoll sein Leben mit einem Partner/einer Partnerin teilt, gewinnt mehr als er „verliert". Vertrauen tut einfach gut. Wir merken, dass Vertrauen ein

Grundbaustein unseres Lebens ist wie auch Hoffnung und Liebe. So versteht sich die Sache mit der Nachfolge Jesu. Wer hier Vertrauen investiert, ist nicht auf der Verliererseite.

Zum Problem wird uns oft unsere Erfahrung, dass manches Mal unser Vertrauen verletzt, enttäuscht oder sogar missbraucht wurde. Die Folge ist Misstrauen. Wir können nicht naiv einfach auf alles und jedes unser Vertrauen setzen – auch nicht in Fragen des Glaubens! Aber umgekehrt können wir ohne Vertrauen gar nicht leben. Ich vertraue beim Autofahren mir völlig unbekannten entgegenkommenden Fahrern, dass sie mit ihrem Wagen auf ihrer Fahrbahnseite bleiben. Allein dieses beliebige Beispiel offenbart, wie sehr unser komplettes Alltagsleben darauf aufgebaut ist, dass sich möglichst alle an gemeinsame Regeln halten. Ich vertraue ganz selbstverständlich darauf. So ist Vertrauen zwar stets in mancherlei Hinsicht ein Wagnis. Es bleibt aber unverzichtbar. Jeder von uns bleibt darauf angewiesen, anderen Menschen zu vertrauen. Warum nicht auch Gott? Womit hat er unser Misstrauen verdient?

Damit kommen wir zu unseren oben angesprochenen Bibeltexten. Ich behaupte: Manche Texte wecken in uns ungute Gefühle, weil sie tatsächlich mit Kontrollverlust zu tun haben. Wer an Jesus glaubt, riskiert Kontrollverlust. Er muss lernen, abzugeben, loszulassen, Vertrauen zu wagen. Wenn Jesus zur Nachfolge einlädt, ist das eine Aufforderung, die Angst vor Kontrollverlust loszulassen und Vertrauen zu wagen. Wer vertraut, willigt ein, sein Kontrollbedürfnis einzuschränken. Wenn ich an Jesus glaube, vertraue ich ihm, dass es mit ihm ein guter Weg wird, obwohl ich diesen Weg nicht wirklich kenne. Ich kenne nur das versprochene Ziel und den, der es mir versprochen hat und der mir vorangeht.

Wenn also der Ruf in die Nachfolge mit einer Einwilligung in einen Kontrollverlust verbunden ist, erklärt sich daraus auch, dass sich trotz aller volltönenden Glaubensbekundungen oder -forderungen leicht ein Gefühl der Angst oder Überforderung einschleicht. Wir geben etwas ab von dem, was für uns von grundlegender Bedeutung ist. Unser Sicherheitsbedürfnis schlägt Alarm wie beim Besteigen einer sehr hohen Leiter.

Was kann helfen? Ich versuche das thesenhaft kurz zu fassen und stelle das zur Diskussion:

1. Unser Kontrollbedürfnis ist völlig normal. Es gehört zu uns. Wir müssen nur aufpassen, dass die *Angst* vor Kontrollverlust nicht selbst die Kontrolle übernimmt.
2. Dieses Kontrollbedürfnis ist bei jedem von uns unterschiedlich ausgeprägt. Das hat mit bisherigen Lebenserfahrungen usw. zu tun. Auch die Höhenangst hat bei jedem andere Grenzen. Dafür muss sich niemand schämen. Offensichtlich hat Gott uns auch unterschiedlich ausgestattet. Paulus schreibt selbst vom unterschiedlichen „Maß des Glaubens/Vertrauens" im Zusammenhang mit den Befähigungen (Gaben) durch den Heiligen Geist (Röm 12, 3 u. 6). Dieses „Maß" verstehe ich als Startkapital (vgl. Mt 25,14-18, die Sache mit den anvertrauten „Talenten") und nicht als Festlegung, schon gar nicht als Ausrede zur Vermeidung von Veränderungen.
3. Hier kommt mein „Lieblingspunkt": Das Loslassen kann man trainieren (wollen!) und Vertrauen wagen. In Wirklichkeit verlieren wir nicht die Kontrolle, sondern die Angst vor dem Kontrollverlust. Wer die Angst verliert (oder besiegt), hat gewonnen. Auch das ist wie bei der Höhenangst. Wer sich immer größere Höhen zumutet, also Vertrauen wagt/trainiert, der merkt, dass er dabei nach und nach lockerer wird. Er verliert zwar nicht den Respekt vor der Gefahr. Aber er merkt, dass er eben *nicht* die Kontrolle über sich verliert und deshalb verkrampfen muss und handlungsunfähig wird.

Jesus sagt: „Lernt von mir!" (Mt 11, 29) Er gesteht uns zu, dass wir noch lernen und üben. Wir leben in einem Prozess der Veränderung, wenn wir uns an Jesus orientieren. Vor diesem Prozess brauchen wir keine Angst zu haben. Diese Angst ablegen kann aber nur, wer sich auf diesen Prozess einlässt, also Vertrauen zu Jesus wagt. Deshalb gehört dazu auch die Aufforderung Jesu zur *metánoia*, zur Umkehr im Denken und Handeln.

Die wundersame Schuldumkehrung
Eine theologische Zirkusnummer

Das mit der Zirkusnummer scheint eine befremdliche oder irreführende Formulierung in Schuldfragen zu sein. Manch einer erwartet nun einen komplizierten Sachverhalt. Zirkusnummern sind schließlich nur etwas für Könner. Andere werden am Schluss sagen: „Was ist daran so kompliziert? Ich hab das schon immer so gemacht."

Worum geht es? Ich spreche hier einen Sachverhalt an, der uns tatsächlich in die Lage versetzt, aus etwas Schlechtem Gutes zu machen. Wer der Meinung ist, so etwas könnte es nicht geben, der ahnt schon etwas von einer Zirkusnummer. Um nicht herumzurätseln, gehen wir die Sache mit einem fiktiven Beispiel an:

Der Typ auf dem Bild, der sich so voller Genugtuung auf seinen Mitmenschen setzt, ist schlichtweg ein Schuft. Wäre ich dieser Typ, verhielte ich mich außerordentlich gemein. Meine Gemeinheit einem Andern gegenüber muss nicht nur in körperlicher Gewalt bestehen. Sie kann sich auch darin zeigen, dass ich über eine Person herziehe, sie oder ihn anschwärze, schneide und ausgrenze, andre gegen ihn oder sie aufhetze, unwahre Behauptungen verbreite usw. Das  wäre dann die klassische Mobbing-Tour. Ich mache jemanden klein und will ihm schaden. Das ist alles gemein und ein schuldhaftes Verhalten. Darin sind wir uns sicher einig, weil keiner von uns so behandelt werden möchte. Ich bin in meinem Verhalten also ein Schuft, biblisch gesprochen ein Sünder. Ich versündige mich an meinem Mitmenschen. Das ist unzweifelhaft.

Jetzt kommt die Zirkusnummer. An meinem Verhalten ändert sich nichts. Aber die Bewertung lässt sich leicht auf den Kopf stellen. Ich erkläre allen meinen Kritikern, was mein Gegenpart für einer ist. Das muss man schließlich auch wissen. Der hat mich nämlich zuvor genauso und noch viel schlimmer behandelt. Es ist kaum zu glauben, wie ich unter ihm gelitten habe. Es ist fürchterlich, was sich der mir gegenüber geleistet hat. Der ist nämlich der eigentliche Schuft.

Aha, nun sieht die Sache schon anders aus. Wenn das so ist, dann ist mein Verhalten nachvollziehbar. Im Vergleich mit dem schlimmen Anderen ist mein Verhalten durchaus verständlich, in Ordnung und gerechtfertigt. So erlebe ich, o Wunder, theologisch gesprochen, meine Rechtfertigung als Sünder durch den anderen Sünder. Die Sünde des Anderen rechtfertigt meine Sünde. Ich bin also fein raus. Beim Vergleichen in Fragen der Schuld können wir – hokus pokus – Schlimmes in Gutes verwandeln.

Das ist eine altbekannte Masche: Der Täter gibt sich als Opfer. Wir kennen dieses Spiel aus dem Racheprinzip: „Wie du mir, so ich dir!" Wer auf Rache sinnt, hält seine Wunden offen. Bei passender Gelegenheit tue ich dir dann als Rache zu recht etwas Gemeines, weil du mir etwas Hässliches angetan hast. Und dann bekomme ich Beifall: „Jawohl, recht so, gib's ihm!" Also im Vergleich mit einem schlimmen Menschen ist mein gemeines Verhalten auf einmal ein gutes. Aus Schwarz wird Weiß. Alles klar?

Theologisch gesprochen ist das also **die Rechtfertigung des Sünders durch den** (anderen) **Sünder.** Ich brauche weder Gottes Gnade, noch den Glauben an Jesus, den Gerechten, der für mich eintritt, wenn ich Böses tue. Ich habe ja meinen Sünder, der mich rechtfertigt. *Den* brauche ich. Hass und Rache sind zwar biblisch gesehen aus guten Gründen Sünde, aber wenn ich das mit einem anderen Sünder begründen kann, ist das offensichtlich keine Sünde mehr.

Wenn nun der Einwand kommt, das sei ziemlicher Unsinn und auch biblisch völlig absurd und abwegig, dann sage ich: Irrtum, das *muss* richtig sein, sonst würden wir es ja unter uns nicht praktizieren und für gerechtfertigt erklären. Denn wenn wir genau hinschauen, merken wir: Diese Umkehrung meines schlechten Verhaltens in ein gutes gilt auch unter uns als normal und völlig in Ordnung. Ist es nach unserer Überzeugung in Ordnung und halten wir weiterhin daran fest, dann müsste es nach biblischer Logik auch vor Gott gelten. Denn wäre das gegen Gottes Gebot, müssten wir es unterlassen. Bleiben wir dabei, dann in der Überzeugung, es habe auch vor Gott Bestand.

Manchmal höre ich etwas verlegen einschränkend: „Na ja, das ist zwar nicht in Ordnung, aber so sind wir eben." Als Christen sind wir noch nicht im Himmel. Gut, als Zustandsbeschreibung ist das durchaus ehrlich und zutreffend – aber als Ausrede oder Rechtfertigung? Niemals! Das wäre so, als bekäme das Auto auf der Urlaubsfahrt einen Platten. Alle steigen aus, gehen einmal ums Auto und stellen fest: „So ist das eben!", steigen wieder ein und weiter geht die Fahrt. Schließlich ist die Autobahn gerade so schön leer und wir haben noch so viel vor. Na dann: Gute Fahrt, liebe Schwestern und Brüder! Für Hass und Gemeinheit gibt es keine Entschuldigung. Wenn ich mich so verhalte, dann bin *ich* der Übeltäter, nicht der Andere. Meine Selbstrechtfertigungen und Entschuldigungen können vor Gott keinen Bestand haben.

Das eigentliche Problem ist, dass ein gesellschaftlich durchaus gängiges Verhalten in ein „christliches" Verhaltensrepertoire integriert wird oder bleibt und deshalb als erlaubt und praktikabel angesehen werden kann. Mancherlei unschönes Konfliktverhalten (siehe zum dortigen Artikel, S. 47ff.) könnten wir uns ersparen.

Wenn ich vom gesellschaftlich gängigen Verhalten spreche, meine ich damit nicht nur dieses platte „Wie du mir, so ich dir!" Juristen leben geradezu von diesem Schema der Schuldumkehrung. Es hat sogar einen eigenen Fachbegriff: „Viktim blaming" (Opferbeschuldigung). Dabei geht es um die Täter-Opfer-Umkehrung. Auch das kennen wir aus dem Alltag, wenn mir jemand sagt: „Du hast ja recht, aber *wie* du es gesagt hast, hat mich sehr verletzt." Jetzt bin *ich* plötzlich in der Rolle dessen, der sich rechtfertigen muss. Der ursprüngliche Konfliktgegenstand wurde klammheimlich verschoben vom „Was" zum „Wie".

Härtere Folgen hat dies in Strafprozessen. Ab den 1970er Jahren wurde in den USA „Viktim blaming" zum Begriff als Strategie in Strafprozessen. Anwälte nutzten diese Strategie besonders gern in Vergewaltigungsprozessen. Sie versuchten, dem Opfer selbst die Schuld an der Tat zuzuschreiben, um so die Täter zu entlasten. Die

Folgen beim Opfer muss man sich vorstellen. Man spricht von einer „sekundären Viktimisierung" mit entsprechenden Traumafolgestörungen, d. h. das Opfer wird nicht nur durch die Tat traumatisiert, sondern durch diese Prozesstaktik zusätzlich noch einmal zum Opfer gemacht – und diesmal möglichst in aller Öffentlichkeit.

Narzisstisch veranlagte Charaktere verstehen es, andere Menschen zu manipulieren, indem sie durch Schuldumkehr stets ihr Gegenüber für alles Mögliche verantwortlich machen. Dadurch können sie – vor allem charakterlich schwache – Menschen an sich binden und sie von sich emotional abhängig machen, weil diese denken, sie hätten sich dem Narzissten gegenüber falsch verhalten und etwas gut zu machen. Das führt in Partnerschaften zu sogenannten toxischen Beziehungen, die die abhängigen Partner auf Dauer zerstören, wenn sie sich nicht rechtzeitig aus dieser Bindung befreien. Selbst danach leiden sie noch unter Schuldgefühlen.

Schuldumkehrung finden wir auch in den Sündenbock-Varianten. So ist das damalige Schlagwort der Nationalsozialisten „Die Juden sind an allem schuld!" typisch für das Verweisen auf Sündenböcke. Man nennt das auch „Schuldprojektion". An den so Geächteten kann man sich beliebig vergehen, also schuldhaft verhalten, denn sie seien die eigentlichen Schurken. Sündenböcke waren oder sind in der Geschichte dann neben den Juden, Ausländer, Flüchtlinge, Kommunisten, die „Erbfeinde" Frankreich und England, der Klassenfeind, Muslime, Homosexuelle, im Mittelalter Ketzer und Hexen, in der Reformationszeit die Täufer und die aufständischen Bauern usw. Sündenböcke stehen nicht für eigenes Verschulden gerade; sie dienen nur zur Schuldentlastung anderer, meistens einer Mehrheit gegen die sich die „Sündenböcke" kaum wehren können. Äußerlichkeiten – Kopftuch, Kippa, Handicaps oder Hautfarbe – markieren sichtbar die „Anderen" und erleichtern die Sündenbock-Konstruktion. Ihnen wird die Schuld für allerlei (erfundene oder begründete) Ängste und gesellschaftliche Missstände angelastet. So werden sie unweigerlich zu Opfern.

Der Grundtenor ist stets: Wir haben das Recht andere schlecht zu behandeln, denn sie sind selbst schuld, weil sie alle die Eigenschaften haben, die wir ihnen unterstellen und zuschreiben (Schuldprojektion). So sind wir wieder bei dem anfangs beschriebenen Motiv: Wenn ich gemein bin, ist das gerechtfertigt, weil der Andere noch gemeiner ist – jedenfalls entsprechend meiner oder unserer Behauptung.

Theologisch gesehen ist das – wie schon angesprochen – die Rechtfertigung des Sünders durch den (anderen) Sünder. Wenn in der Bibel von der Rechtfertigung des Sünders durch Gnade die Rede ist (Joh 3,16; Röm 3,23f.; 5,1; 5,8; Eph 1,7; 1.Joh 1,9 usw.), dann ist die oben beschriebene Lebensweise mit den Tricks der Schuldumkehr in der Tat eine Zirkusnummer, aber eine, bei der wir vor Gott eine komplette Bauchlandung hinlegen.

Warum scheint dieses Verhalten der Schuldumkehrung so beliebt zu sein? Schon in der Bibel taucht dieses Motiv auf. So entschuldigt/entlastet sich in der Sündenfallgeschichte Adam mit der doppelten Schuldumkehrung vor Gott mit der wohl pfiffig gemeinten Ausrede: „Die Frau, die du mir gegeben hast, gab mir von der Frucht zu essen." (1.Mo 3,12) Die Frau ist also schuld und letzten Endes Gott selbst. Wenn jemand Anderes schuld ist, kann ich es ja nicht sein.

Übrigens hat das Bedürfnis, Sündenböcke zu haben, eine gemeinschaftsstärkende und entlastende Funktion. In der Gruppe kann man sich stark und sicher fühlen. Ein gemeinsamer Gegner schweißt zusammen und stabilisiert das (vielleicht angeschlagene) Selbstwertgefühl. Eine als bedrückend empfundene komplizierte Welt findet nun ihre einfache Erklärung. Es gibt einen Schuldigen dafür. Das hat die fatale Folge, dass gemeinsam begangenes Unrecht gegen den Sündenbock nicht mehr als Unrecht empfunden wird, denn wenn alle es tun, ist das in Ordnung. Pogrome sind typische Exzesse nach diesem Muster. Manches, was sich in den USA zuträgt, scheint in die gleiche Richtung zu zielen und ausgerechnet befeuert von „evangelikalen Christen" (s. dazu Artikel „Liberal...", S. 111ff.).

Jesus selbst war ein Sündenbock. Zum Versöhnungstag gab im Alten Testament den Ritus, einen Sündenbock symbolisch mit der Schuld des Volkes zu belasten, um ihn dann in die Wüste zu schicken (3.Mo 16,20ff.). Das NT deutet Jesus als den, „der die Sünden der Welt trug." Übrigens hatte Jesus bei seiner Gerichtsverhandlung den aufgewiegelten Mob gegen sich. „Kreuzige ihn!", brüllten sie. (Joh 19,15) In 2.Kor 5,21 schreibt Paulus: „Gott hat den, der von keiner Sünde wusste, für uns zur Sünde gemacht." Im 1.Joh 2,2 heißt es: „Und er selbst ist die Versöhnung für unsre Sünden, aber nicht allein für die unseren, sondern auch für die der ganzen Welt." Das Ganze finden wir in Anlehnung an Jesaja 53 4ff.: „Fürwahr, er trug unsre Krankheit und lud auf sich unsre Schmerzen. Wir aber hielten ihn für den, der geplagt und von Gott geschlagen und gemartert wäre. Aber er ist um unsrer Missetat willen verwundet und um unsrer Sünde willen zerschlagen. Die Strafe liegt auf ihm, auf dass wir Frieden hätten, und durch seine Wunden sind wir geheilt. Wir gingen alle in die Irre wie Schafe, ein jeder sah auf seinen Weg. Aber der HERR warf unser aller Sünde auf ihn."

Hier haben wir es allerdings mit einer Deutungsumkehrung zu tun. Der Sündenbock ist nicht mehr selbst „Schuld an allem", sondern er wird im Rückblick geachtet als der, der durch seine Sündenbockrolle anderen Befreiung/Erlösung verschaffte.[1] So sieht es in der Folge auch das Neue Testament.

Schuldverschiebung ist keine Lösung in der Schuldfrage. Sie vergrößert höchstens den Schaden. Deshalb kann sie keine konstruktive Methode sein zu einem vernünftigen und einvernehmlichen Umgang miteinander. Deshalb ist das Nachdenken über andere Wege angesagt.

> ***Schwache Menschen nehmen Rache,***
>
> ***Starke vergeben.***

Zu diesen anderen Wegen gehören Umkehr, Umdenken und Vergebung. Wir müssen uns nur die Frage stellen, ob wir zu dem vielen Unrecht in unserer Welt noch zusätzliches Unrecht schaffen wollen. Für Wege aus der Mehrung des Unrechts finden wir in der Bibel viele gute Tipps. Statt Rache zeigt sie uns den Weg der Versöhnung (s. dazu auch Artikel „Heilsamer

---

1   Vgl. Röm 3,24f.; Röm 5,6.8; Röm 8,3; 1.Kor 5,7; 2.Kor 5,15; Gal 3,13 usw.

Umgang...", S. 59ff.). Genau das ist der Weg, den Gott mit uns und für uns geht. Aber wenn ich meine, das sei doch naiv, die Welt sei nun einmal so schlecht, dass ich mit den gleichen Tricks und Gemeinheiten arbeiten muss um zu überleben, trage ich zur Mehrung des Unrechts bei, das ich dann hinterher bitter beklage. Das Unrecht anderer rechtfertigt nie mein eigenes. Ich bin nicht gerechtfertigt, nur weil es schlimmere Leue gibt als mich. Das wäre die Art, Gottes Versöhnungsangebot auszuschlagen, das er uns durch Jesus gibt. Das Versöhnungsangebot Gottes wäre schließlich auch ein Weg, miteinander Versöhnung einzuüben. Wenn statt Jesus ein Schurke meine Rechtfertigung vor Gott sein soll, dann ist der Schurke mein „Erlöser" und ich wäre fein raus. Und wetten? Ich finde immer einen, der schlimmer ist als ich. – Diese Art unserer Alltags-Theologie darf nicht Standard sein in einer christlichen Gemeinschaft. Diese Art des Denkens und Verhaltens bedarf dann dringend einer Überprüfung durch einen theologischen TÜV.

Stolperstein Bibelverständnis

Verstehst du auch, was du liest? Wie kann ich, wenn mich nicht jemand anleitet? (Apg 8,30f.)

Die Apostelgeschichte (Kap. 8) erzählt von einem Reisenden aus Äthiopien. Der hatte ein Orientierungsproblem in Sachen Bibel. Das ist heute nicht anders, auch wenn unsere Fragestellungen anders geprägt sind. Wir bringen unser Vorverständnis ein, das eingefärbt ist von der Aufklärung und dem wissenschaftlichem Rationalismus, sowie einer gehörigen Portion religiösem Skeptizismus. Schließlich sind uns schon so manche kuriosen „Wahrheiten" angedient worden. Der folgende Artikel ist als kleine Orientierungshilfe gedacht und möchte auch kritischen Geistern Zugang eröffnen zu einem für sie selbst akzeptablen Bibelverständnis.

1. Die Bibel – „Gottes Wort"?

1.1 Da stellt sich manche Frage

Immer wieder ergeben sich für den Bibelleser Fragen, die wichtig genug sind, um nach einer klaren Antwort zu suchen. So gebrauchen Christen die Begrifflichkeit „Gottes Wort" für die Bibel. Welche Vorstellung weckt das in uns? Wenn sie also Gottes Wort ist, Gottes Anrede an uns Menschen und damit auch an mich, dann fragt sich, woran wird das erkennbar? Welche Eigenschaft macht dieses Buch im Unterschied zu allen anderen Büchern zu Gottes Wort? Da denken manche, wenn die Bibel Gottes Wort sein soll, muss sie so makellos sein wie Gott selbst.

Genau an diesem Punkt gibt es um die Bibel und den Umgang mit ihr unter Christen schon länger einen zum Teil tiefgreifenden Streit. Durch die Aufklärung angeregt etablierte sich an den Universitäten seit rund zweihundert Jahren ein wissenschaftlicher

Umgang mit der Bibel. Er eröffnet ein breites Spektrum der Forschung und Erkenntnis. Andererseits ruft dies Skepsis und zum Teil heftige Abwehr hervor bei denen, die dies für einen Angriff auf die Autorität der Bibel – ja Gottes selbst – halten und damit den Glauben in Gefahr sehen.

Wenn ich vorhin die Bibel mit der Formulierung „Gottes Anrede an uns" einordnete, eröffnet das einen ganz anderen Horizont des Verständnisses. Es vermeidet – hoffentlich – die Frontenbildung, die von etlichen Missverständnissen geprägt ist. Ich gehe nicht von irgendeiner Methode oder einem dogmatischen Grundverständnis aus. Beides führt zu Festlegungen und deren Verteidigung gegen scheinbare Gegner. Ich setze bei der übergreifenden Grundannahme an, dass die Bibel „Gottes Anrede an uns" ist. Sie hat es mit der Absicht Gottes zu tun, uns zu erreichen, mit uns zu kommunizieren (vgl. das Kapitel „Vom Atem der Gemeinde"). Die Bibel selbst bezeugt von Anfang an diese Absicht Gottes. Diese Grundannahme halte ich für alle am Streit beteiligten für konsenzfähig. Diese Grundannahme will ich etwas tiefergehend erläutern.

1.1.1 Gottes Wort in Menschenmund

Zwischen Gott und uns Menschen spielt sich etwas ab, das grundlegend für unser Verständnis des Glaubens ist: Gott will sich uns mitteilen. Er will unbedingt mit uns reden. Das ist das zentrale Thema der Bibel schlechthin. Er sucht die Kommunikation mit uns und verfolgt damit ein Ziel: Das Heilwerden unserer Beziehung zu ihm und unserer Beziehungen untereinander.

So stellt sich die Frage: Wie redet er mit uns? Das geschieht auf unterschiedliche Art. Im Hebräer-Brief wird das thematisiert: „Nachdem Gott vielfältig und auf vielerlei Weise ehemals zu den Vätern geredet hat durch die Propheten [...] hat er am Ende dieser Tage zu uns geredet durch seinen Sohn." (Heb 1.1-3)

Dieses Zitat aus dem Hebräerbrief macht darauf aufmerksam, dass Gott verschiedene „Kanäle" nutzt, um sich uns zu vermitteln. Genannt sind hier Propheten und sein Sohn Jesus. Wenn wir die Begrifflichkeit „Gottes Wort" verwenden, haben wir oft die verengte Vorstellung, es sei nur die Bibel gemeint. Beim Wort Gottes geht es nicht nur um ein *Buch*, sondern vielmehr um eine *Wirk-*

lichkeit. Es ist eine von Menschen erfahrbare Wirklichkeit. Man kann dies auch Offenbarung nennen. Es ist die Erfahrung, dass Gott sich uns mitteilen will und tatsächlich mitteilt. Das tut er mit Mitteln, die uns Menschen zugänglich und nachvollziehbar sind, d. h. er redet zu uns Menschen menschlich. Das geschieht auf verschiedenen „Kanälen".

1. Jesus Christus ist das offenbarte, das Mensch/Fleisch gewordene Wort Gottes. (Joh 1,14)
2. Die Bibel ist das geschriebene Wort Gottes. „Indem sich Gott an das Menschenwort bindet, macht er es zu seinem Wort." (Karl Barth)
3. Die Verkündigung des Wortes Gottes ist Wort Gottes. Jer 1,9: „Siehe, ich lege meine Worte in deinen Mund." / Lk 10,16: „Wer euch hört, hört mich." / 1.Th 2,13: „Ihr habt das Wort der göttlichen Predigt ... nicht als Menschenwort aufgenommen, sondern als das, was es in Wahrheit ist, als Wort Gottes, der in euch wirkt, die ihr glaubt."

So kommt Gott also auf verschiedene Weise uns gegenüber zu Wort. Er will sich uns verständlich machen. Dazu benutzt er die uns zugänglichen Kanäle, vor allem die Bibel.

Jeder Bibelleser entwickelt im Laufe der Zeit – ob durch schlichtes Bibellesen oder mit Hilfe wissenschaftlicher Methoden – eine bestimmte Sicht, wie er die Bibel verstehen kann. Wir nennen das ein „Schriftverständnis" oder „Bibelverständnis". Es hilft uns nicht nur, Zusammenhänge zu erkennen und einzuordnen, sondern ist uns auch hilfreich in der Fragestellung, welche Bedeutung die biblischen Aussagen für das eigene Leben haben. Leider werden die unterschiedlichen Bibelverständnisse wie Keulen geschwungen, als gelte es, einen Glaubenskrieg gewinnen zu müssen.[1]

1.1.2 Was erwarten wir von der Bibel?

Eine häufig vertretene Grundannahme ist: Wenn die Bibel Gottes Wort sein soll, dann muss sie als von Gottes Geist eingegeben gelten und deshalb irrtumslos, widerspruchsfrei und in allen natur-

---

[1]   Sehr lesenswert: *Siegfried Zimmer*: Schadet die Bibelwissenschaft dem Glauben? Klärung eines Konfliktes, Göttingen 2007.

wissenschaftlichen und historischen Angaben zutreffend sein.[2] Sie muss praktisch makellos sein wie Gott selbst. Ihr darf nichts Menschliches anhaften. Im Umkehrschluss bedeutet dies: Entspricht die Bibel nicht diesen Vorstellungen, kann sie auch nicht Gottes Wort sein. Somit ist in der Konsequenz die Bibel nicht mehr *Gottes* Sache, sondern *meine*. *Ich* bestimme als Mensch, welchen Spielregeln sich die Bibel zu unterwerfen hat. *Ich* bin der Schiedsrichter Gottes. *Ich* erteile das Zertifikat „Wort Gottes", aber nur, wenn es so ist, wie ich es haben will. Vertreter dieser Ansicht nennen sich gern „bibeltreu" oder behaupten, die Bibel wörtlich zu nehmen. Weder das Eine noch das Andere hält einer Überprüfung stand.

Ein anderer Ansatz ist: Die Bibel ist Gottes Wort im Menschenwort. Alle Texte sind von Menschen geschrieben. Sie vermitteln uns das Zeugnis vieler Gotteserfahrungen. Gerade durch diesen Zeugnischarakter kann und will Gott zu uns reden und auch uns zu Gotteserfahrungen „anstiften". Dietrich Bonhoeffer beschreibt den Zeugnischarakter auf das NT bezogen so:

> *„Das ganze Neue Testament in allen seinen Teilen will als Zeugnis ausgelegt sein – nicht als Weisheitsbuch, als Lehrbuch, als Buch ewiger Wahrheit, sondern als Buch eines einmaligen Zeugnisses einer einmaligen Tatsache. Es ist das »fröhliche Geschrei«: Dieser ist Jesus Christus!"*[3]

Egal mit welchem Verständnis ich die Bibel lese: Die Bibel ist wie sie ist, eine andere bekommen wir nicht! Sie steht immer *über* meinem Schriftverständnis. Wenn es zu Differenzen kommt zwischen meinem Schriftverständnis und den biblischen Texten, ist es hilfreich, beides (Bibel und Schriftverständnis) grundsätzlich zu unterscheiden. Das heißt, wenn es Differenzen gibt, muss ich mein Schriftverständnis überprüfen und korrigieren. Umgekehrt geht das nicht.

Ein Beispiel dazu (s. Abbildung): Ich vergleiche eine Landschaft mit einer Landkarte. Landkarten sind hilfreich zur Orientierung.

---

2 So im Kern die Aussage der sog. „Chicago-Erklärung", die für viele christliche Gruppierungen bindend ist.
3 *Dietrich Bonhoeffer*: Illegale Theologieausbildung: Fürstenwalde 1935-1937, München 1996, 412.

Sie bilden aber nie 1:1 die Landschaft ab. Das geht schon wegen des Maßstabes nicht. Außerdem: Autokarten betonen andere Merkmale als Wanderkarten, Schifffahrtskarten andere als Katasterpläne usw. Das kennen wir und haben damit kein Problem. Wenn aber in einer Landschaft ein See existiert, der auf der Karte fehlt oder wie in der Abbildung nur zum Teil dargestellt ist, dann ist nicht die Landschaft zu korrigieren (See zuschütten?), sondern die Landkarte. Nur sie bedarf der Korrektur.

So gehen wir mit Differenzen um zwischen Bibel und Bibelverständnis. Die Bibel ist wie die vorgegebene Landschaft, das Bibelverständnis die meistens hilfreiche Landkarte. Aber diese Karte bedarf immer wieder der Überprüfung. Sie ist nachgeordnet.

Deshalb können wir mit Texten, die unseren Vorstellungen widersprechen, sehr gelassen umgehen. Wir müssen sie nicht leugnen, umdeuten, zurechtbiegen mit verknoteten Erklärungsversuchen usw., als müssten wir uns für die Bibel entschuldigen oder unseren Glauben in Gefahr sehen. Gerade der gelassene Umgang macht uns eher neugierig zu fragen, weshalb ein Text so dasteht, welches Weltbild der Verfasser hat, welche Erfahrung er einbringt, wie er Gottes Reden und Handeln einordnet usw. Wir müssen Gott nicht verteidigen, als sei er ein irrender Gott, wenn ein biblischer Autor offensichtlich in irgendeinem Punkt falsch liegen mag.

Gehen wir von einem Verständnis aus, dass der Bibel unsere Vorstellung von Makellosigkeit abverlangt, haben wir ein Problem.

Wir modern geprägten Menschen lesen diese alten Texte natürlich von unseren Kenntnissen, Erfahrungen und Einsichten her. Da gibt es dann das Problem der Glaubwürdigkeit, wenn wir in der Bibel z. B. ein antikes Weltbild in der Schöpfungsgeschichte und den Psalmen finden, das wir heute nicht mehr teilen. Bei aller Irrtumsfähigkeit, die uns natürlich auch heute noch zu eigen ist, können wir aber vom Weltbild her nicht mehr die antiken Vorstellungen teilen, in denen von einem festen Himmelsgewölbe über der Erde die Rede ist (1.Mose 1,6-8), an dem die Gestirne wie Lampen angebracht sind (1.Mose 1,14-18) und das auf Säulen steht wie die Erde selbst (Ps 104,5) usw. Dann wird von manchem das Kind mit dem Bade ausgeschüttet nach der Devise: Wenn das Weltbild der Bibel nicht mehr das unsere ist, dann ist es also falsch, dann ist auch die Bibel falsch, und somit kann ich ihr keinen Glauben mehr schenken. Auch finden wir Widersprüchliches. So ist in den Mose-Büchern kapitelweise von Brand- und Schlachtopferanweisungen Gottes die Rede, dann heißt es im Propheten Jeremia (7,22) eindeutig: „Denn ich habe euren Vätern an dem Tage, als ich sie aus Ägypten führte, nichts gesagt noch geboten, von Brandopfern und Schlachtopfern." Das sind nur Beispiele. Es ließen sich beliebig viele andere anführen, die mit dem Makellosigkeitsanspruch nicht übereinstimmen und so ein niederschmetterndes Urteil über die Bibel provozieren müssten.

Ich will keine Spitzfindigkeiten verhandeln, sondern einfach darlegen, weshalb für mich die Bibel Gottes Wort ist, obwohl ich natürlich auch derartige Reibungspunkte kenne und sie auf keinen Fall ignorieren will.

1.2   Warum ist die Bibel für mich Gottes Wort?

Hier muss ich persönlich werden. Die Bibel ist für mich – unabhängig von allem, was ich in staunenswerter oder ärgerlicher Weise in ihr entdecke – Gottes Wort, weil Gott durch sie zu mir redet und er sich damit selbst zu diesem Wort bekennt. Er schämt sich der Bibel nicht, so wie sie ist, also muss ich es auch nicht tun.

Mir geht es zuerst um den roten Faden der Bibel; der ist eindeutig: Gott hat diese Welt und uns Menschen gewollt. Wir haben

das, was für uns gute Voraussetzung zum Leben und Zusammenleben war, nach besten Kräften kaputt gemacht. Von Mord und
Totschlag über Umweltzerstörung bis hin zu allen Gemeinheiten,
die wir Menschen uns ausgedacht haben, ist es tatsächlich gelungen, so viel Böses in dieser Welt und im eigenen Leben triumphie-
ren zu lassen, dass es Gott von Herzen graust. Er nennt das Sünde.
Wir haben uns durch unser Verhalten von ihm verabschiedet, getrennt.

Jetzt kommt der „rote Faden" der Bibel zur Geltung: Gottes Absicht der heilsamen Kommunikation mit uns. Die ganze Bibel vermittelt uns diese Absicht Gottes. Er will sich nicht von uns trennen. Er versucht alles, um den Schaden wieder in Ordnung zu
bringen. Wir selbst können es nicht, auch wenn wir es wollten.
Hinter seinen Bemühungen steht ganz groß ein umwerfendes Motiv: Er liebt uns.

In seiner Liebe geht er so weit, dass er in Jesus sich selbst quasi
zum Sündenbock für uns macht. Er setzt sich in Jesus unserer
menschlichen Gemeinheit und Verlorenheit aus bis hinein in den
Foltertod. Das verschlägt einem die Sprache. So etwas macht
nicht mal ein Verrückter, schon gar keine Gottheit, wie wir sie aus
Mythen kennen. Aber der Gott der Bibel ist so. Er ist verrückt in
seiner Liebe zu uns Menschen. Das kann man nicht mehr toppen.
Er gibt uns – ums grausame Sterben Jesu am Kreuz – nicht auf.

Wer das begreift, kann dies nur für sich staunend und dankbar
annehmen. Das ist die große Chance, mit Gott wieder ins Reine
zu kommen. Wir nehmen diese Liebestat für uns als befreiendes
Geschenk an. Das krempelt dann natürlich unser Leben um.

Wenn wir die Bibel – möglichst im Zusammenhang – lesen, ent-
decken wir geradezu auf jeder Seite diesen roten Faden. Diese
Zuwendung Gottes zu uns zeigt sich durchgehend von Anfang an.
In allen Schattierungen berichten Menschen ihre Erfahrungen und
Einsichten mit diesem lebendigen und handelnden Gott, der stets
seine gute Absicht mit uns erfahrbar werden lässt.

Die biblischen Texte entstanden in einem Zeitraum von mehr
als tausend Jahren. Dass Menschen über einen solchen Zeitraum

bei aller ihrer Unterschiedlichkeit so übereinstimmend von Gott schreiben, ist außerordentlich erstaunlich. Wenn ich ihnen das abnehme und auf mich wirken lasse, stelle ich fest: Ich will auch diesem Gott begegnen, seine Liebe an mir befreiend erfahren, mein Leben in Dankbarkeit ihm öffnen. Was er durch Jesus – auch für mich – getan hat, spricht von einer so ergreifenden Liebe, dass ich mich dem nicht entziehen kann und will.

Weil die Bibel mir dies vermittelt, ist sie für mich Gottes Wort, Gottes Rede an mich, Gottes Rede an uns Menschen. Es ist ein Wort, das Wirkung hat, weil Gott selbst sich zu diesem Wort bekennt.

1.3   Was ist mit den offenen Fragen?

Ich bin bis hierher bewusst nicht auf all' die Fragen eingegangen, die beim Forschen in der Bibel auftauchen können. Von dem Verhältnis zur Bibel, das ich eben beschrieb, kann ich natürlich auch aufmerksam forschend an die Texte herangehen. Ich muss es geradezu, wenn ich sie mehr und mehr verstehen will. Und ich tue es selbstverständlich mit den Methoden, die uns heute zur Verfügung stehen. Ich kann es sorgfältig, aber völlig unbesorgt tun, was die Ergebnisse anbelangt, denn die Grundfragen sind längst geklärt. Weil Gott sich zu diesen Texten bekennt, kann ich mit allen Ungereimtheiten leben, die ich zu entdecken glaube. Gott hat sie schon längst vor mir gekannt, und er hat alles so gelassen wie es ist. Gott bekennt sich zur Bibel, so wie sie ist; dann kann ich es auch. Reklamationen werden nicht mehr angenommen. Gott redet durch das, was die Menschen damals erlebten, bezeugten und nach ihrem Verständnis aufgeschrieben haben. Gott redet uns dadurch an. Er tut es, egal mit welcher Inspirationslehre wir da herangehen oder ob wir überhaupt eine haben. Inspirationslehren sind ja auch nur schwache Versuche, das zu erklären, was am Wirken Gottes unseren menschlichen Horizont bei weitem übersteigt.

Ich kann beim Forschen die Bedingungen der damaligen Zeit wiedererkennen, die gesellschaftlichen Verhältnisse, die damaligen naturwissenschaftlichen Kenntnisse, die Irrtumsfähigkeit der Schreiber, die Absicht ihrer Texte usw. Selbstverständlich reibt sich da aus unserem Blickwinkel manches. Na und? Wenn es für Gott kein Problem ist, muss es auch keines für mich sein.

1.4 Das Problem der Methoden beim Umgang mit der Bibel

Das Problem, das wir modernen Menschen mit der Bibel haben, klang oben schon an, es ist ein Methodenproblem. Egal mit welchem Denkmuster wir an die Bibel herangehen, es geht immer um die Wahrheitsfrage und das davon abhängige Ergebnis: Die Bibel ist wahr oder unwahr. Dazu benutzen wir unsere Methoden als eine Art Bibel-TÜV. Wenn die Bibel diese oder jene Bedingungen erfüllt, ist sie wahr und kann (eventuell) auch als Gottes Wort gelten. Erfüllt sie diese nicht, dann mag sie gehobene Weltliteratur sein, aber nicht Gottes Wort.

Ein Beispiel aus dem Denken derer, die sich „bibeltreu" nennen: „Nur wenn die Bibel irrtumslos, widerspruchsfrei und in allen historischen und naturwissenschaftlichen Aussagen zutreffend ist, ist sie Gottes Wort."[4] Diese Aussage ergibt sich aus der Umkehrung: „Die Bibel ist Gottes Wort, weil sie diese Bedingungen erfüllt." Schön wäre es vielleicht, aber diesen Anspruch erfüllt sie nachweislich nicht. Das Ergebnis müsste dann sein: Sie kann nicht Gottes Wort sein.

Die Bibel erfüllt diesen Anspruch weder in den naturwissenschaftlichen Aussagen, noch vermeidet sie historische Ungereimtheiten. Wer die Bibel nicht ertragen kann oder will, wie sie nun einmal ist, hat ein Problem.

Da gibt es nun beide Lager: Die Leute, die aus all' dem schließen, dass die Bibel nicht Gottes Wort sein kann und die anderen, die nun genau umgekehrt reagieren. Ihre Auffassung: Weil die Bibel Gottes Wort ist, gibt es auch alle diese Fragwürdigkeiten nicht. Mit viel Mühe werden Dinge uminterpretiert oder wegbehauptet, die jeder aufmerksame Bibelleser feststellen kann, auch ohne Theologe zu sein. Wenn das nicht hilft, wird unsere moderne Erkenntnis wegdiskutiert. So im bekannten Streit um „Schöpfung oder

---

4   Diese Vorstellung finden wir häufig vor z. B. in der sogenannten „Chikago-Erklärung".

Evolution", in dem es für die eine Seite keine wirklich lange Erd-
geschichte geben darf, obwohl ganz simple Naturbeobachtung bei
jeder Gebirgswanderung anderes erkennen lässt.

Die Bibel hat sich nicht meinem Verständnis zu beugen. Umgekehrt kommen wir der Sache näher. Leider ist das bei vielen mit
Ängsten verbunden, weil sie ihr Bibelverständnis mit der Bibel selbst
verwechseln. So sehen sie völlig unnötig ihre Glaubensgrundlage
gefährdet, die sie dann natürlich verteidigen wollen.

Aus diesem Grund habe ich ein Problem mit der Vorstellung, die
Bibel habe so und so zu sein, um als Gottes Wort gelten zu können. Der Katalog, den dann die Bibel zu erfüllen hat, ist gemeinhin
bekannt und oben schon angesprochen: Sie ist Wort für Wort vom
Heiligen Geist eingegeben, irrtumslos, widerspruchsfrei und in allen historischen und naturwissenschaftlichen Angaben zutreffend.
Biblische Erzählungen und Berichte werden verstanden, als wären
deren Schreiber moderne Fernsehjournalisten, die nur in Bild und
Ton ohne zeitliche Verzögerung dokumentieren, was sie vermitteln möchten, als seien sie dabei gewesen. Nirgendwo erhebt die
Bibel diese Ansprüche für sich selbst. Dieser Vorstellungs-Katalog
ist reines Menschenwerk und ein anmaßender Anspruch an die
Bibel. Die Bibel erfüllt ihn nicht und ist trotzdem Gottes Wort.

Vergleichen wir nur den Anfang des Lukasevangeliums. Hier
bezeugt der Schreiber selbst, dass er kein Augenzeuge ist, sondern
die Sache mit Jesus vom Hörensagen aufgegriffen hat und nun
vermittelt, weil sie ihm wichtig ist:

> „Da es nun schon viele unternommen haben, Bericht zu geben von den
> Geschichten, die sich unter uns erfüllt haben, wie uns das überliefert
> haben, die es von Anfang an selbst gesehen haben und Diener des Wor-
> tes gewesen sind, habe auch ich's für gut gehalten, nachdem ich alles
> von Anfang an sorgfältig erkundet habe, es für dich, hochgeehrter The-
> ophilus, in guter Ordnung aufzuschreiben, auf dass du den sicheren
> Grund der Lehre erfährst, in der du unterrichtet bist." (Lk 1,1-4)

Das sollte klar sein: Die Bibel ist nicht dazu da, meine Vorstellungen zu erfüllen. Die Bibel ist wie sie ist. Das haben Rationalisten
und Fundamentalisten – letztere arbeiten in ihrem Wahrheitsverständnis ja auch nur mit den Methoden des Rationalismus(!) – zur
Kenntnis zu nehmen. Gott geht es darum, dass ich den roten Faden

finde und nicht um den Streit, ob das Weltbild in 1.Mose 1 antik und damit überholt ist oder nicht, oder ob der Hase ein Wiederkäuer ist oder nicht (3. Mose 11,6).

Weil die Bibel nun einmal ist wie sie ist, kann sie auch mit wissenschaftlichen Methoden erforscht werden. Ohne sie hätten wir keine vernünftigen Bibelübersetzungen, wüssten kaum etwas über Zeit und Umstände in der Entstehung der Texte, über ihre Verfasser und ersten Leser, über die manchmal verschlungenen Wege der Textüberlieferung, über die verschiedenen Textgattungen und ihren Platz in der damaligen Kultur usw. So können wissenschaftliche Methoden viele unklare Punkte erhellen und dienen so außerordentlich dem angemessenen Verständnis der Texte. Ich muss aber auch die Grenzen dieser Arbeitsweise kennen, denn sie kann nicht ermitteln und vermitteln, ob Gott durch dieses Wort zu mir spricht oder nicht. So gesehen können diese Methoden weder Glauben wirken noch gefährden. Sie können aber helfen, meine „Landkarte" zu korrigieren.

Zu den Grenzen gehört allerdings auch, methodisch sauber zu arbeiten. So wird von einigen Übersetzern der Text aus 2.Tim 3,16 – leider falsch! – so wiedergegeben: „Die ganze Heilige Schrift ist von Gottes Geist eingegeben, und ist nützlich zur Lehre ..." (so Elberfelder, Hoffnung für alle, Neue Genfer, Neues Leben Bibel u.a.). Das suggeriert etwas, das nicht im Text steht, aber bestimmten Wunschvorstellungen entspricht. Deutlich interessegeleitet geht es darum, der Bibel ein „Unfehlbarkeitsattribut" als Selbstaussage anzuhängen und damit eine bestimmte Inspirationslehre zu untermauern. Zwei Gründe gibt es für meinen Widerspruch: 1. Diese „Selbstaussage" ist schon aus historischen Gründen falsch, denn die „ganze Heilige Schrift" gab es zu diesem Zeitpunkt noch gar nicht. 2. Der griechische Text besagt so viel wie „Alle von Gottes Geist eingegebene Schrift, (ist) auch nützlich zur Lehre ...", also selektiv im Sinne von „nur alle Schrift, die von Gottes Geist eingegeben (ist) ..."[5] Korrekt übersetzen das Luther, Zürcher, Gute Nachricht Bibel und viele andere.

---

5 „*Pãsa* (alle) *graphã* (Schrift) *theópneustos* (gottgegeistet) *kai* (und/auch) *didaskalían* (belehrend) ..."; *theópneustos* ist als Adjektiv auf *graphã* bezogen (kein Adverb!!!). Also wörtlich: „Alle gottgegeistete Schrift (ist) auch belehrend ..."

1.5 Die Bibel – ein Schatz im irdenen Gefäß

Die Bibel ist Gottes Wort im Menschenwort. Im Bild gesprochen: Sie ist ein Schatz im irdenen Gefäß (frei nach 2.Kor 4,7). Ich bekomme immer nur beides, das Gefäß und den Schatz. Wer nur auf das irdene Gefäß sieht, der wird den Schatz nicht in ihm entdecken. Wer umgekehrt das irdene Gefäß für überflüssig oder gar peinlich hält und es am besten leugnet, der will nur den reinen Schatz, der will es besser machen als Gott. Die Bibel ist aber kein vom Himmel gefallenes oder vom Engel diktiertes Buch wie der Koran es sein soll. Sie ist wie sie ist, und das ist gut so.

Gott begegnet uns in Jesus als Mensch. So können wir auf unserer menschlichen Ebene begreifen, wie groß seine Liebe zu uns ist. So vermittelt er uns auch seine Absichten in sehr menschlicher Verpackung. Echte lebendige und natürlich auch irrtumsfähige Menschen bezeugen Gottes Liebe. Das hat richtig Fleisch und Blut. Das ist aussagekräftiger und verständlicher als eine quasi göttlich-theoretische Abhandlung abstrakter Art. Gott macht sich in der Bibel durch Menschen für uns Menschen verständlich. Darf er das nicht?

Es gibt kluge Abhandlungen über die verschiedenen Inspirationslehren. Gemeint ist: Wie hat der Heilige Geist dafür gesorgt, dass bestimmte Menschen Bestimmtes aufgeschrieben haben? Hat er ihre Gedanken und Herzen gelenkt? Oder hat er die Hand des Schreibers geführt? Wir merken dann an der Fragestellung, dass hier der Wahrheitsgehalt der Texte höher zu werten scheint, je weniger Mensch an der Textwerdung beteiligt ist. Hier wird getrennt, was zusammengehört: Heiliger Geist und Mensch – Schatz und Gefäß. Dazu kann ich nur sagen: Was Gott zusammengefügt hat, soll der Mensch nicht scheiden.

1.6 Ein kleiner Abstecher: Was verstehen wir unter „biblisch"?

Beim Argumentieren wird gern ein Sachverhalt mit dem Zusatz versehen, es sei „biblisch". Aber Vorsicht, das kann zweierlei ganz verschiedene Bedeutungen haben mit sehr unterschiedlichen Folgen. Die eine Bedeutung meint, dass etwas in der Bibel vorkommt. So ist z. B. der Name „David" biblisch, also der Bibel entnommen, weil er uns dort begegnet. Wenn wir Redewendungen gebrauchen wie, da sei jemand „in die Wüste geschickt" (3.Mose 16,10) worden oder „niemand könne zwei Herren dienen" (Mi 6,24) usw., dann sind diese Redewendungen biblisch. Überhaupt ist alles, was in der Bibel vorkommt in diesem Sinne biblisch.

Aber wenn wir etwas „biblisch" nennen, weil es für uns normativ sein soll, hat das natürlich ein anderes Gewicht. Das Verbot des Ehebruchs (2. Mose 20,14) ist nicht nur in diesem Sinne biblisch, weil es in der Bibel vorkommt, sondern es ist ein Gebot Gottes, das von uns offensichtlich ernstgenommen werden soll. Es ist biblisch im normativen Sinn. Biblisch in diesem festlegenden Sinne ist auch das, was Gott tut. Die Bibel offenbart uns Gottes heilvolle Absichten. Von Gottes Liebe und seinem Erlösungswerk durch Jesus zu reden ist biblisch. Auch eine Aussage, die uns als Beispiel für richtiges Handeln dient, kann diesen Sinn von biblisch haben wie z. B. das Verhalten des barmherzigen Samaritaners (Lk 10,25-37).

Aber nicht alles, was in der Bibel vorkommt, ist biblisch im normativen Sinne! Es wird vieles in der Bibel – oft ohne jede Wertung! – geschildert, was für uns gar nicht normativ sein kann. Da ist z. B. die Brautwerbung des David; um die Tochter Sauls zur Frau zu bekommen, lässt er 200 Philister erschlagen und legt dem König 200 Vorhäute vor (2.Sam 18,27). Biblisch? Ja, aber nicht normativ! – Judas, der Jesus verraten hat, erhängte sich (Mt 27,5). Biblisch? Ja, aber nicht normativ. – Paulus und Barnabas stritten sich heftig darüber, ob sie auf ihrer zweiten Missionsreise Johannes Markus mitnehmen sollten (Apg 15,37-39). Biblisch? Ja, aber nicht normativ und zur Nachahmung empfohlen.

8.

Die Trennung zwischen beiden Bedeutungen ist also recht hilf-reich. Allerdings haben wir nun ein Problem, wenn wir eine etwas genauere Grenze ziehen wollen zwischen beiden Bedeutungen. Ist das Tragen einer Kopfbedeckung für Frauen im Gottesdienst – ei-ne ausdrückliche Anordnung des Paulus (1.Kor 11,6) – normativ für uns heute oder damaligen gesellschaftlichen Konventionen ent-sprechend notwendig gewesen? – Ist die organisatorische Form der neutestamentlichen Gemeinden für uns normativ, oder haben sie lediglich in deren Grundmotiven für uns normative Aussage-kraft?

Es bleibt uns nicht erspart, über diese Differenzierung nachzu-denken. Das nimmt uns die Bibel nicht ab. Sie liest sich in man-chen Dingen getrost wie eine Gebrauchsanweisung, in anderen Dingen aber nicht. Hier ist nachzudenken, um Weisheit zu beten und das Gespräch zu suchen. Schließlich wirkt der Heilige Geist besonders gern in der Gemeinschaft der ehrlich Fragenden, die liebevoll miteinander umgehen (vgl. Apg 13,1-4). Darauf liegt eine Verheißung. Aber dabei wird auch klar: Gott ermutigt uns zum Nachdenken und will uns nicht wie hirnlose Marionetten irgend-welche Richtlinien abarbeiten lassen.

Ich habe ein Problem mit Leuten, die vollmundig auftreten und behaupten, für sie gelte die Bibel in allen Stücken, und so tun, als gelte jeder Buchstabe der Bibel gleich und selbstverständlich nor-mativ. Ich habe noch keinen von ihnen gesehen, der in Sandalen läuft, nur zwei Umhänge besitzt und ohne Geld auskommt, obwohl Jesus das doch ausdrücklich seinen Jüngern bei deren Aussendung angeordnet hat (Mt 10, 5-16; vgl. auch die Anweisung zur Fußwa-schung in Joh 13,14 oder Mk 9,50: „Habt alle Zeit Salz bei euch!" usw.). Das sage ich nicht, um mich über sie lustig zu machen. Ich will nur klarstellen, dass auch jemand, der sich „bibeltreu" als ei-genes Qualitätsmerkmal zuspricht, ebenfalls unterscheidet zwi-schen dem, was für ihn normativ ist und was nicht. Er sollte dann aber offenlegen, wo er das tut und was ihn bei dieser Entschei-dung leitet. Wenn er im biblischen Sinne respektvoll mit seinen Mitjüngerinnen und Mitjüngern umgeht, wird er seine Einsicht nicht dem andern als Gesetz aufdrängen. So ist bei aller Unter-schiedlichkeit wieder ein Gespräch möglich.

1.7 Zwischen-Ergebnis

Der Bibel werden wir am ehesten gerecht, wenn wir sie so nehmen wie sie ist und den „roten Faden" in ihr suchen. Wir sind gehalten, über alles nachzudenken, was wir in der Bibel entdecken. Auch in den Texten, die sich reiben mit unseren modernen Erkenntnissen, steckt der „rote Faden". So bleibt z. B. das Lob des Schöpfers in den Psalmen berechtigt, auch wenn es das damalige Weltbild dazu benutzt. Wir müssen uns der Methoden bewusst sein, mit denen wir nach der Wahrheit suchen. Auf keinen Fall können und dürfen wir Gott an unsere Methoden ketten bzw. der Bibel unser Verständnis aufdrücken. Das steht uns nicht zu. Gott bekennt sich zu seinem Wort, also können wir es auch tun. Wir sind darin keine Gotteskrieger, die die Bibel gegen alles und jeden verteidigen müssten. Die Bibel spricht für sich selbst und hat auch ohne uns noch jeden Angriff überstanden. Aber hilfreich ist es schon, wenn wir auch die Kritiker nach ihren Methoden befragen.

So können wir fröhlich glaubend und forschend die Bibel lesen. Wir werden es mit Gewinn tun, denn es steht die Verheißung Gottes darüber: „Mein Wort wird nicht leer zu mir zurückkommen, sondern wird bewirken, was mir gefällt." (Jes 55,11)

2. Zuordnung verschiedener Methoden

Die bisherigen Darlegungen lassen noch eine Reihe von Fragen offen. Einige davon sollen hier zur Sprache kommen, weil sie bedeutsam genug sind, um sich im „frommen Dschungel" ein wenig besser orientieren zu können. Vor manchen Methoden wird in kirchlichen Kreisen regelrecht gewarnt. Sie würden den Glauben gefährden. Als wäre Angst eine sichere Bank für einen gefestigten Glauben.[6] Vor allem geistern bestimmte Begriffe herum wie „evangelikal", „liberal", „historisch-kritisch", „fundamentalistisch" usw.[7] Sie ermöglichen einerseits eine relativ einfache Zuordnung, andererseits fehlt gerade in der Vereinfachung der Raum für Zwischentöne. So können Begriffe zu Keulen werden, die recht unchristlich andere verletzen.

---

6 Empfehlung: *Siegfried Zimmer*: Schadet die Bibelwissenschaft dem Glauben? Klärung eines Konfliktes, Göttingen 2007.
7 Vgl. dazu auch den nachfolgenden Artikel „Liberal – evangelikal – alles egal?"

Diese begrifflichen Zuordnungen haben stets – neben anderen Apekten (z. B. des Frömmigkeitsstils) – mit dem schon angesprochenen Bibelverständnis zu tun.

2.1 Begriffsklärungen

2.1.1 Liberale Theologie

Im 18. und 19. Jahrhundert mit Aufkommen des Rationalismus und dem enormen Fortschritt in den Naturwissenschaften kamen biblische Aussagen in so etwas wie Erklärungsnot. Das modern gewordene Wahrheitsverständnis forderte die Überprüfbarkeit aller Aussagen nach Maßgabe der menschlichen Erfahrung und neuester natur- und geisteswissenschaftlicher Methoden. Alles, was als „übernatürlich" galt, entzog sich dem, also hielt es auch keiner Überprüfung stand. So versuchten Theologen dem Trend der Zeit gemäß, biblische Texte entweder rational zu erklären oder umzudeuten oder mehr einer glaubensvollen Märchenwelt zuzuordnen. Gottes reales Wirken, Wunder, Auferstehung Jesu, Gaben des Heiligen Geistes, ewiges Leben usw. waren den Menschen nun nicht mehr zumutbar und vermittelbar. Übrig blieb in der Verkündigung vor allem die Bibel als Hilfe zur moralischen Erbauung.

Heute ist die Liberale Theologie eine theologische Strömung im evangelischen Raum mit dem Ansatz, die Theologie einzig aufgrund von humanistischen und geisteswissenschaftlichen Grundlagen zu betreiben, frei von Dogmen, kirchlichen Traditionen und Glaubensvorgaben. Mit übernatürlich einzuordnenden Geschehnissen (Wunder) haben sie erhebliche Probleme, weil so etwas eigentlich kein Teil unserer Lebenserfahrung ist. Dazu zählt dann auch die Auferstehung Jesu.

2.1.2 Historisch-kritische Methode

Aus der liberalen Theologie des 19. Jahrhunderts ging die „historisch-kritische Theologie" hervor. Wir verdanken der Arbeit vieler liberaler (und natürlich auch anderer) Theologen hervorragende Forschungsergebnisse und Arbeitstechniken im Zusammenhang mit der Bibel. Kein Theologe kann z. B. auf die Urtextausgaben der Bibel verzichten, die auf enorme Forschungsbemühungen zurückgehen. Vorgehensweisen zur genauen Textanalyse biblischer Texte (Grammatik, Übersetzung usw.), der Begriffsgeschichte, der Ermittlung von Verfasser, Anlass und Leser der Texte, über die geschichtlichen und kulturellen Hintergründe usw. sind Methoden, die heute unter dem Namen „Historisch-kritische Methode" zusammengefasst werden. Dabei darf man zweierlei nicht übersehen:

1. Unter „kritisch" wird häufig *Bibelkritik* verstanden und auch so etikettiert. Das ist sachlich falsch. Unser Begriff „Kritik/kritisch" kommt aus dem Griechischen *krinein*: scheiden, sondern, unterscheiden, auswählen, urteilen, beurteilen, richten; *krisis*: Scheidung, Entscheidung; *kritikós*: urteilsfähig sein. Dabei geht es also nicht um Kritik an der Bibel, als müssten wir ihr Noten erteilen. Das wäre in jedem Fall töricht. Umgekehrt lehrt uns das Neue Testament, alles zu *prüfen* und das Gute zu behalten (1.Thess 5,21). Wir sollen *prüfen* können, was der Wille Gottes sei (Röm 12,3). Der Zusatz „historisch" bezieht sich auf die Bibel als historischem Text aus der Antike. Vor allem die Arbeitsmethoden sind kritisch zu überprüfen. Jeder ernstzunehmende Wissenschaftler arbeitet *prüfend*. Dabei prüft er nicht nur seinen Untersuchungsgegenstand, sondern immer wieder auch seine eigenen Voraussetzungen und Methoden. Das also ist hier im wissenschaftlich ernstzunehmenden Sinne mit „kritisch" gemeint. Auf die Bibel bezogen heißt das: Genau lesen und ermitteln, was der Text wirklich hergibt. Gerade hier können historisch-kritische Methoden helfen. Somit kann ich auch mich selbst prüfen, ob ich nicht auf meine eigenen Wunschvorstellungen im Blick auf biblische Texte hereinfalle. Gerade im letzten Punkt sind Fromme oft sehr blauäugig und sich selbst unkritisch gegenüber.

2. Die historisch-kritische Methode ist eine Art Werkzeugkasten, eine Sammlung von Hilfsmitteln, aus denen ich meine Auswahl selber treffe. Sie helfen, den Text in seiner Bedeutung von damals zu erhellen. Natürlich bestimmt kein Werkzeug das Ziel der Arbeit. Das macht immer noch der Benutzer. Außerdem: Diese Hilfsmittel sind rückwärts gewandt, d. h. die biblischen Texte sind *historische* Texte. Um sie zu erschließen, bedarf es der Hilfsmittel historischer Forschungsmethoden. Sie ermitteln im Text historische Fakten, also zur damaligen Zeit, Umwelt

und Herkunft und Absicht des Textes. Sie sagen zunächst nichts aus über die Bedeutung für mich heute. Darin sind auch die Grenzen dieser Methoden deutlich im Blick zu behalten, sonst weiß ich alles über das „Gefäß" und habe nichts vom „Schatz" begriffen. Wenn diese Hilfsmittel aber einen Text aus seiner damaligen Bedeutung erhellt haben, hat der Heilige Geist auch bessere Chancen, mir heute ein Licht aufzustecken.

2.1.3 Biblizismus

Der Biblizismus vertritt verschiedene Inspirationslehren. Dabei ist die Vorstellung von der Inspiration ziemlich vage und reicht von der dem Schreiber vermittelten bloßen Absicht Gottes über den genauen Wortlaut durch Eingebung oder Diktat bis hin zur Verbalinspiration, in der der Schreiber eigentlich nur noch die Schreibfeder hielt. Die Bibel ist als vom Geist Gottes inspiriertes Wort Gottes verstanden, irrtumslos, in jeder Aussage zuverlässig und für den Glauben bindend. Den Biblizisten ist die Vorstellung gemeinsam, dass die Bibel Gottes heiliges Reden (eigentlich Schreiben!) an uns ist, dem wir in Ehrfurcht begegnen, das wir glaubend studieren und dem in allen Stücken Folge zu leisten ist.

Ein tiefergehendes (wissenschaftliches) Nachfragen und Studieren, ein Erörtern von Widersprüchen und inhaltlichen Brüchen in der Bibel gilt eher als Zweifel und Unglauben. Die unreflektierte enge Bindung an den Wortlaut der Bibel und der Wunsch, in allem Gottes Willen zu tun, führte in der Vergangenheit zu Gesetzlichkeit, Bildungsfeindlichkeit und Fortschrittsboykott.

Heute können wir Biblizisten eher als konservative Christen bezeichnen mit enger Bindung an ihre Vorstellung von der Bibel bei ausgeprägter Skepsis gegenüber wissenschaftlicher Exegese (Texauslegung). Biblizisten gehören zu denen, die gern von sich sagen, dass sie die Bibel wörtlich nehmen. Dabei sei allerdings anzumerken: Ihre Vertreter profitieren durchaus von den wissenschaftlichen Ergebnissen anderer, wenn sie in ihr Gesamtkonzept passen. In Letzterem liegt auch begründet, dass sie sich mehr und mehr der Vorteile der wissenschaftlichen Methoden bewusst werden.

2.1.4 Fundamentalismus

Man könnte denken, der Fundamentalismus sei eine konsequente Verfeinerung des Biblizismus. So liegen seine Wurzeln in den Auseinandersetzungen des 19. Jahrhunderts mit der liberalen Theologie. Ursprünglich ging die theologische Grundlage der fundamentalistischen Bibelauslegung von den Professoren Archibald Alexander Hodge und Benjamin B. Warfield aus. Sie vertraten entschieden die Inspiration der Bibel, allerdings nicht im Sinn eines Diktats. Das Wort Gottes sei wahrhaft göttlich im Sinn, aber auch echt menschlich im Stil und Ausdruck. Ebenso würde sich die Schrift im Originaltext[8] als irrtumsfrei herausstellen, wenn alle Fakten bekannt und der Text richtig ausgelegt sei. Das entspricht in etwa der heutigen Auslegungspraxis breiter evangelikaler Kreise, besonders bei Biblizisten.

Diese differenzierte Sicht, entwickelte sich in den Zwanzigerjahren des vorigen Jahrhunderts zum eigentlichen Fundamentalismus weiter[9] mit einer absoluten Sicht einer Bibel, die wörtlich diktiert wurde und in jeder Beziehung wörtlich genommen werden muss. Demnach sei die Bibel:

a) wortwörtlich bis in den letzten Buchstaben vom Heiligen Geist diktiert, d. h. Autor aller Texte ist Gott selbst.[10]
b) Sie ist deshalb absolut irrtumslos und widerspruchsfrei.
c) Sie ist vollkommen zuverlässig in allen historischen und naturwissenschaftlichen Aussagen.

So wird behauptet, der Inhalt der Schöpfungserzählungen gibt den genauen Verlauf der Schöpfung als wirklichem Geschehen wieder und steht in völligem Einklang mit heutigen naturwissenschaftli-

---

8   Dahinter steht folgende Vorstellung: Wir haben die ältesten Texte der Bibel nur in Abschriften. Sollten darin „Fehler" zu finden sein, gäbe es diese in den „Originalen" nicht. Das ist eine intellektuelle Mogelpackung in der man unliebsame Differenzen durch nicht vorhandene „Originale" verschwinden lässt. Da fragt sich, wenn Gott etwas an einer „fehlerfreien" Bibel für uns läge, weshalb liegen uns dann nur „fehlerhafte" Abschriften vor?

9   Damals wurden die sogenannten „Fundamentals" formuliert. Diese Bezeichnung stammt von den Urhebern selbst. Deshalb wurden deren Vertreter und Anhänger „Fundamentalisten" genannt. Es handelt sich also nicht um eine diffamierende Namensgebung wie sie heute häufig unterstellt und verwendet wird.

10 In dieser Logik müsste sich Gott in den Psalmen selber anbeten usw.

chen Ergebnissen (oder diese Ergebnisse sind eben falsch!). So kann man behaupten, Jesus hätte gelogen, wenn die erzählten Geschehnisse seiner Gleichnisse nicht auch tatsächlich so passiert wären.[11]

Damit wird der Bibel abverlangt, dass sie in jedem Stück einem rationalistischen Wahrheitsverständnis entsprechen muss, um wahr sein zu können. Das ist eine Steilvorlage an alle Kritiker, Lästerer und Atheisten und eine völlige Ignoranz gegenüber biblischen Texten, denn dahinter steht die Vorstellung: Wahr ist eine Aussage, wenn sie mit einer Tatsache/einem Sachverhalt wörtlich übereinstimmt. Wahr ist also das rein Faktische. Das Problem: Dies ignoriert die Wirklichkeit und Mehrdeutigkeit verschiedener Sprachebenen wie z.B. bei bildhafter Rede. Wenn wir sagen: „Franz ist ein schlauer Fuchs.", dann ist die gemeinte Aussage „wahr", auch wenn sie mit den genannten „Fakten" (Franz ist Mensch und kein Fuchs) nicht übereinstimmen. Hinzu kommt: Die Schilderung eines Ereignisses ist nie einfach „wahr" im Sinne von vollkommener Übereinstimmung mit dem Geschehen, schon wegen der Art der Schilderung, dem Interesse des Schildernden, der Auswahl der Szenerie usw. Es gibt folglich keine Identität zwischen Aussage und „Tatsache". Ist allein deshalb die Schilderung von vornherein „unwahr", weil sie nicht exakt nur Fakten abbildet? Die Gleichnisse Jesu sind typische Erzähltexte. Deren Wahrheit liegt gerade nicht unbedingt im erzählten Ablauf, sondern in ihrer von Jesus vermittelten Aussage. So stimmt es biologisch nicht, dass aus einem Senfkorn ein Baum wird, so „dass die Vögel unter dem Himmel kommen und wohnen in seinen Zweigen". (Mt 13,31) Jesu Zuhörer wussten das längst aus eigener Erfahrung.[12] Aber Jesus spricht hier kein Gärtner-Latein, sondern er spricht vom Reich Gottes, das alle unsere Vorstellungen übersteigt. Gerade in der Übertreibung liegt ja die Pointe der Geschichte.

---

11 Beide Beispiele stammen aus einem persönlich geführten Gespräch mit Werner Gitt, einem typischen Vertreter des christlichen Fundamentalismus. Er behauptet auch, in der Bibel fänden wir das moderne Weltbild beschrieben.

12 Senf ist eine Pflanzenart aus der Gattung der Kreuzblütengewächse (Brassicaceae), also ein Kraut. Nur wenige Kreuzblütler-Arten wachsen zu Sträuchern, keine zu Bäumen in Palästina.

Im Unterschied zu allen anderen Zugängen zur Bibel stellt sich der Fundamentalismus als absolut dar, d. h. er ist allein richtig und jede abweichende Sichtweise ist grundsätzlich falsch. Deshalb verweigern sich Anhänger des Fundamentalismus einer Diskussion und sind auch nicht bereit, ihr eigenes Vorgehen im Umgang mit der Bibel kritisch zu überprüfen. Verbalinspiration ist ein der Bibel vorgeschaltetes Verständnis, das den Texten der Bibel in keiner Weise gerecht wird. Hier wird in der Tat der Bibel selbst Gewalt angetan!

Genau genommen hat der Fundamentalismus nichts mehr mit Theologie zu tun. Er erfüllt viel mehr alle typischen Merkmale einer Ideologie. Eine Ideologie richtet sich nicht nach den vorgegebenen Fakten (hier z. B. Bibel und Erfahrungswelt). Sie überträgt ein eigenes Weltmodell kompromisslos als Maßstab auf alle Lebensbereiche. Wir kennen das aus Kommunismus, Faschismus, Islamismus usw. Beim christlichen Fundamentalismus hat sich die Bibel selbst und unsere Erfahrungswelt nach einer (zunächst aus der Bibel falsch abgeleiteten) Vorstellung zu richten. Dabei kann er sich durchaus weit von biblischen Maßstäben und Verhaltensnormen lösen. So rechtfertigt Fundamentalismus radikale und intolerante Mittel wie Gewalt gegen Andersdenkende (bis zur Ermordung von Abtreibungsärzten). Der unsägliche Streit um Schöpfung oder Evolution, der besonders in den USA bizarre Formen angenommen hat, zeigt, wie sehr auch die „sichtbare Schöpfung" – also die erfahrbare Umwelt – nicht mehr als Ort der *Forschung* wahrgenommen wird, sondern als Ort der *Deutung*. Man hat den Eindruck, in zwei unterschiedlichen Schöpfungen zu leben, einer wie wir sie aus der biblischen Erzählung kennen, und einer erfahrbaren, die den biblischen Texten entsprechend umgedeutet wird. Widersprüche gibt es nicht, weil es sie nicht geben darf; ein typisches Merkmal einer Ideologie!

2.2 Zur Abrundung

2.2.1 Entscheidend bleibt die Methodenfrage

Jeder mag sich nun einordnen, wo immer er will – von liberaler, historisch-kritischer, biblizistischer oder fundamentalistischer Bibelauslegung. Kernpunkt bleibt, ob ich die Bibel Bibel sein lasse oder ob ich sie mit meinen Vorstellungen überkleide, damit sie mir so erscheint, wie ich sie gern hätte. Damit würde ich sie entweihen, weil ich sie mir zu Diensten mache. Ich würde Gottes Wort umwidmen und entwerten und zum Menschenwort erniedrigen. Wir merken, die Methodenfrage offenbart meine Stellung zum Reden Gottes in der Bibel. Was sich als „bibeltreu" verkleidet, kann menschliche Hybris verbergen. Für mich wäre das der wirklich wunde Punkt in der Diskussion um das Bibelverständnis.

2.2.2 Gibt es eine „evangelikale" Bibelauslegung?

Den Sammelbegriff „evangelikal" habe ich bewusst bisher ausgelassen. Ich will ihn hier nur in Bezug auf die Bibelauslegung ansprechen und das vor allem auch nur für den mitteleuropäischen Raum. Weltweit sieht manches ganz anders aus. Näheres kommt im nächsten Artikel (S. 111ff.).

Unter den Evangelikalen gibt es im Bezug auf die Bibelauslegung eine Spanne von der historisch-kritischen Methode bis zum Fundamentalismus. Wenn wir diese Bandbreite sehen, bleibt nur zu sagen: Jeder hält vielleicht seine eigene Auslegung für *die* evangelikale. Aber die *eine* evangelikale Bibelauslegung gibt es nicht. Das mag im Ergebnis zunächst unbefriedigend sein.

Allen gemeinsam aber ist die Bezogenheit auf die Bibel als Grundlage für Glauben und Leben. Das schließt z. B. die normative Kraft von kirchlichen oder anderen Traditionen aus. Das macht kritisch gegenüber Strömungen und Trends, die in Vergangenheit, Gegenwart und Zukunft den Thron Gottes besteigen wollten und wollen. Das führt stets in das Gebet um rechte Erkenntnis des Willens Gottes für uns und in unserer Zeit. Unsere Irrtumsfähigkeit mag uns in manche heiße Debatte führen, aber die Orientierung an der Bibel hält uns auch bei unterschiedlicher Spurbreite auf Kurs. Trotzdem, es lässt sich nicht ändern: Die *eine* evangelikale Auslegung gibt es nicht. Es sind deren verschiedene Zugänge zur Bibel, die immer wieder auch zur Diskussion stehen. Um es noch einmal ganz klar zu sagen: Nicht die Bibel steht zur Diskussion, sondern unsere Vorstellungen von ihr.

Liberal – evangelikal – alles egal?
Eine Positionsbestimmung

1. Zur Einführung

Das ist schon seltsam mit uns Frommen. Kaum lernen wir einen anderen Christen kennen, sogleich versuchen wir, seinen geistlich-theologischen Standort zu ermitteln. (Sory, ich rede in diesem Punkt mehr von mir.) Ist er evangelisch oder katholisch, ist er Volkskirchler oder Freikirchler? Ist er überhaupt gläubig und wenn ja, wie ernst nimmt er es mit Jesus? Gehört er einer speziellen Gruppierung an? Ist er *evangelikal*? Ist er *konservativ* oder *liberal*? Wie hält er es mit der Bibel? Ist er *bibeltreu* oder stellt er kritische Fragen oder neigt er vielleicht mehr zum *Fundamentalismus*? Was immer wir unter diesen Begriffen verstehen – sie sind einerseits hilfreich zur schnellen Einordnung und zugleich fürchterlich oberflächlich und pauschal, oft auch verletzend.

Ich will mit diesem Artikel versuchen, einen Überblick zu verschaffen. Das bezieht sich vordergründig auf die Bibelfrage, denn hier scheiden sich die Geister besonders und das noch dazu im gleichen „Lager" der Evangelikalen. Deshalb empfehle ich zuvor den Artikel „Stolperstein Bibelverständnis" zu lesen (ab S. 89). Andererseits ist die Zuordnung zu den Evangelikalen auch eine Frage der „Weltanschauung", wie sich besonders krass im Blick auf die USA zeigen wird.

Zweierlei möchte ich mit folgendem Artikel ermöglichen:
1. Jeder kann/sollte sich selbst in etwa einschätzen nach der Devise: Welche Position nehme ich ein in diesen Fragen und wie begründe ich dies?
2. Wer die eigene Position kennt, kann auch den anderen besser verstehen, wenn er sieht: Der denkt in manchen Dingen anders als ich, aber so weit entfernt voneinander sind wir nun auch wieder nicht.

Ich bin mir bewusst, dass ich nur eine Schneise schlagen kann und selbst nicht frei bin von Vereinfachungen. Aber vielleicht dienen diese Gedanken trotz allem zur Orientierung. Mein Wunsch ist, das Gespräch untereinander zu fördern und nicht das Misstrauen gegeneinander.

2. Was verstehen wir unter *Evangelikal*?

2.1 Herkunft und Geschichte des Begriffes

Das relativ junge Wort *evangelikal* ist heute zum feststehenden Ausdruck für Christen geworden, die sich abgrenzen von Traditionalismus, Liberalismus, Säkularismus (Verweltlichung), aber auch von liturgisch orientierten nichtprotestantischen Kirchen (z. B. Orthodoxe Kirchen). Die englische Bezeichnung *evangelical* wurde in den Vereinigten Staaten im 20. Jahrhundert immer mehr verwendet, um Christen zu bezeichnen, die in der Tradition der Erweckungsbewegungen stehen (typischer Vertreter war Billy Graham), aber nur zum kleineren Teil den christlichen Fundamentalisten zuzurechnen sind.

Im deutschen Sprachraum konnte die wörtliche Rück-Übersetzung *evangelisch* für den gleichen Begriff nicht verwendet werden, da der Begriff bereits seit der Reformation im 16. Jahrhundert besetzt ist. Daher kam es zur Wortschöpfung *evangelikal*.[1] Im Englischen/Amerikanischen hat *evangelical* zwei Bedeutungen: Es wird zum einen ins Deutsche mit „evangelikal" zum anderen (seltener) einfach mit „evangelisch" übersetzt. So haben wir beispielsweise mit der „Evangelical Lutheran Church in America" (ELCA) die evangelisch-lutherische Kirche der USA, die keineswegs „evangelikal" ist. Zur Beschreibung des deutschen „evangelisch" wird im Englischen eher „protestant" verwendet. Dieser Begriff hat sich gegenüber ähnlichen Begriffen wie *pietistisch*, *erwecklich* oder *bibeltreu* durchgesetzt, da er vom Wort her die Verbindung sowohl zum Evangelium als auch zur internationalen Bewegung gleichgesinnter Kirchen und Gemeinschaften herstellt. Im Deutschen taucht der

---

1 Gemäß einer Faustregel tendieren Evangelikale in den USA eher dazu, *evangelical* mit einem kurzem e auszusprechen, wogegen Nicht-Evangelikale eher ein langgezogenes *„eeeevangelical"* intonieren.

Begriff „evangelikal" erstmals in der Zeitschrift der Deutschen Evangelischen Allianz „idea" 1965 auf.[2]

2.2 Was ist Evangelikalen gemeinsam?

Was den europäischen Raum anbetrifft (die USA sind ein Sonderfall), haben wir es im Evangelikalismus mit einer Strömung zu tun, die sich innerhalb vieler (hauptsächlich protestantischer) Konfessionen zeigt. Ihr erweckliches Grundmuster ist schon seit dem 17. Jahrhundert im deutschen Pietismus und im englischen Methodismus zu finden. Hauptsächlich verankert ist der Evangelikalismus in den landeskirchlichen Gemeinschaften, den Freikirchen und unabhängigen Gemeinden. Somit ist „evangelikal" kein trennscharfer Begriff. Er kann weder einer vorhandenen Konfession zugeordnet werden noch ist er theologisch eindeutig abzugrenzen.

Nach unterschiedlichen Schätzungen rechnet man in Deutschland 1 bis 3 Prozent der Bevölkerung den Evangelikalen zu. Dabei ist deren größter Teil vermutlich in den Landeskirchen verortet. Allerdings bilden sie dabei oft Parallelstrukturen, wie wir sie in den landeskirchlichen Gemeinschaften oder im Gnadauer Gemeinschaftsverband finden.

Bei aller Vielfalt auch innerhalb der Evangelikalen gibt es gemeinsame Grundzüge:

1. Die Bibel ist Grundlage für Glauben und Leben. Sie gilt als Gottes Wort, von Menschen geschrieben, aber von Gott inspiriert[3.] Die Bibel bedarf der Auslegung.[4]
2. Wir Menschen sind erlösungsbedürftig. Unsere Sünde bewirkt Trennung von Gott.
3. Durch Jesu Opfertod am Kreuz empfangen wir Vergebung, neues Leben und die Zusage, in Ewigkeit mit Gott verbunden zu bleiben.
4. Um Anteil am Erlösungswerk Jesu zu haben, ist die persönliche Glaubensentscheidung („Bekehrung") unverzichtbar. Wir wer-

---

2 *Andrea Strübind*: Neue Feindbilder. Grenzen der Religionsfreiheit in der evangelikalen Bewegung, in: Zeitschrift für Theologie und Gemeinde (ZThG), 26 (2021), 234.
3 Wobei das Verständnis von Inspiration recht unterschiedlich sein kann.
4 Strittig sind oftmals die Methoden.

den zu Jüngern Jesu, deren Lebensweise sich an der Bibel orientiert.

5. Deshalb besteht die Notwendigkeit zu Evangelisation und Mission.

Die genannten Punkte kann man als Minimalübereinstimmung bezeichnen. Darüber hinaus gibt es viele weitere Gemeinsamkeiten, die aber mehr oder weniger von bestimmten Richtungen innerhalb der Evangelikalen betont werden. Erwähnenswert ist das Glaubensbekenntnis der Evangelischen Allianz Deutschlands (1848/1972), das viele als eigenes Bekenntnis übernehmen, und die Lausanner Erklärung von 1974, die eigentlich als Ermutigung zur Weltmission gedacht war.

2.3   Was ist bei Evangelikalen unterschiedlich?

Die unten stehende Grafik soll differierende Tendenzen (im europäischen Raum) ein wenig anschaulich machen. Es finden sich Evangelikale in sehr unterschiedliche Kirchen, Freikirchen, Gemeinschaften, Werke, Bibelschulen usw. Leider sehen manche oft nur ihren eigenen kleinen Ausschnitt und meinen, wirklich evangelikal sei nur, wer in ihren eigenen Teilbereich passt.

Tatsächlich ist die Spannweite aber recht groß. Ein „Linker Evangelikaler" schämt sich, ein Evangelikaler genannt zu werden, wenn

sich ein „Rechter Evangelikaler" mit fundamentalistischen Tendenzen zu Wort meldet. Umgekehrt graust es einen „Rechten", wenn ein „Linker" wissenschaftliche Methoden der Bibelauslegung ins Gespräch bringt. Manches ist wie in der Politik: Für einen Linken ist ein Halblinker schon ein Rechter. Aber beide gehören dazu. Ebenso sehen sich Charismatiker unter den Evangelikalen zwischen völliger Akzeptanz und harter Ablehnung. Es ist jetzt wohl deutlich: Evangelikale sind eben auch eine recht bunte Gesellschaft.

2.4 Umgang der Evangelikalen mit der Bibel

Auch hierzu ist die Grafik hilfreich. Das „Bekenntnis der Evangelischen Allianz Deutschlands" oder die „Lausanner Erklärung" von 1974 erfassen inhaltlich viel vom Denken und Glauben Evangelikaler. In Sachen Schriftverständnis verengt sich allerdings in beiden Dokumenten der Blick deutlich. So heißt es in der Lausanner Erklärung im Artikel 2.

> *Die Autorität der Bibel: Wir halten fest an der göttlichen Inspiration, der gewissmachenden Wahrheit und Autorität der alt- und neutestamentlichen Schriften in ihrer Gesamtheit als dem einzigen geschriebenen Wort Gottes. Es ist ohne Irrtum in allem, was es bekräftigt und ist der einzige unfehlbare Maßstab des Glaubens und Lebens.*

Ähnlich lautet das Bekenntnis der Evangelischen Allianz:

> *Wir bekennen uns zur göttlichen Inspiration der Heiligen Schrift, ihrer völligen Zuverlässigkeit und höchsten Autorität in allen Fragen des Glaubens und der Lebensführung.*

Die „Rechenschaft vom Glauben" des Bundes Evangelisch-Freikirchlicher Gemeinden in Deutschland (Teil 1, Nr. 6) zeigt eine größere Weite im Bibelverständnis. Sie betont weniger die *Inspiration* der Schrift als das *Zeugnis* der Schrift, durch das Gott redet:

> *Jesus Christus ist Gottes Wort in Person an uns Menschen. In seinem Leben und Werk hat sich Gott zum Heil der Menschen umfassend und vollgültig offenbart. ... Im Neuen Testament hören wir die ersten Zeugen von Jesus Christus. In ihrem Zeugnis gründet die christliche Gemeinde. Es kann durch keine nachfolgende christliche Verkündigung und Lehre ergänzt und überboten werden. Die Verfasser des Neuen Testaments haben unter der Leitung des Heiligen Geistes Zeugnis abgelegt von dem in Christus erschienenen Heil Gottes. Darin besteht die Autorität und Normativität des Neuen Testaments für Leben und Lehre der Gemeinde. Es ist das geschriebene Wort Gottes. [Ähnlich auch zum Alten Testament. Und weiter:] Die Bibel ist Gottes Wort in Menschen-*

*mund. Deshalb tragen ihre Bücher die Kennzeichen der Zeiten, in denen
sie entstanden* [sind].

Die Grafik (S. 114) zeigt, dass die Trennlinien nicht eindeutig zu ziehen
sind. Ebenso zeigt sie auch, dass Fundamentalisten am rechten Rand
aus dem gemeinsamen Bild abdriften. Das hat sich in den letzten
Jahren allerdings fast umgekehrt. Fundamentalistische Einflüsse
aus den USA machen sich hier offensichtlich bemerkbar.

2.5 Die „anderen" Evangelikalen in den USA

Im Unterschied zur Situation in den USA bescheinigt die kritische
Beobachterin deutscher Evangelikaler, Marcia Pally,[5] den hiesigen
Evangelikalen, sie verträten einen gleichermaßen bibelbezogenen
wie weltzugewandten Glauben. Das gesellschaftliche Engagement
„dieser frommen, weder fundamentalistischen noch fanatischen
Gruppierung" würde demokratische Gesellschaften stärken und böte
Freiheitsgewinne für moderne, pluralistische Gesellschaften, also
auch für den europäischen Kontext.

Ganz anders verhält es sich in den USA. Hier gab es ursprünglich (1957) eine klare Trennung zwischen Evangelikalen und Fundamentalisten. Letztere warfen den offeneren Evangelikalen (z. B.
Billy Graham) Zusammenarbeit mit den „verderblichen Kräften des
Modernismus" vor wegen der ökumenischen Kontakte. Inzwischen
lässt sich eine Rückbewegung feststellen, d. h. fundamentalistisches
Gedankengut prägt mehr und mehr den amerikanischen Evangelikalismus. Wie im vorigen Artikel schon zum Fundamentalismus ausge-
führt (S. 106ff.), haben wir es weniger mit einer theologischen Strömung zu tun als mit einer Ideologie. Typisch für Ideologien ist das
dualistische Weltverständnis: Freund-Feind-Denken, Schwarz-Weiß,
Gut und Böse. Wobei ein elitäres Gehabe bei denen gestärkt wird,
die sich sonst auf der Verliererseite einordnen. Sie gehören nun zu
den „Wissenden", zu den wahren Gläubigen, den rechtmäßigen
Kämpfern für die Wahrheit. Leider hat sich diese fundamentalistische Grundtendenz heute zunehmend im Evangelikalismus
der USA durchgesetzt. Insofern ist es legitim, wegen dieser Übereinstimmung Evangelikale als Fundamentalisten zu bezeichnen.

---

5 *Marcia Pally*: Die neuen Evangelikalen in den USA. Freiheitsgewinne durch
   fromme Politik. Berlin 2010 (zitiert nach Wikipedia).

Im Hintergrund steht eine gesellschaftliche Entwicklung, die man auch als Kulturkampf in den USA bezeichnen kann. Vor allem konservative Kreise fühlten sich in ihrer Sexualmoral herausgefordert (Abtreibung, Homosexualität) und sahen sich in der Defensive im Kampf gegen die Evolutions-Theorie im Schulunterricht. Hinzu kommt die Angst weißer Evangelikaler vor dem wachsenden Selbstbewusstsein von Afro-Amerikanern und den Zuwanderern aus Lateinamerika. Traditionell gegebene gesellschaftliche Besitzstände scheinen ernsthaft bedroht.

Die konservativen Evangelikalen haben dieser Entwicklung nicht passiv zugesehen. Vielmehr suchten sie Verbündete unter konservativen Katholiken und Juden, die ihre Ansichten über Sexualmoral [...] teilten. So wurde die evangelikale Rechte zur religiösen Rechten.[6]

Nach einer Untersuchung vom Public Religion Research Institute im Februar 2017 stellte man fest, dass

die große Mehrheit der weißen Evangelikalen der Meinung war, dass amerikanische Christen größerer Verfolgung ausgesetzt seien als amerikanische Muslime – dies wohlgemerkt nur wenige Wochen nach der Amtseinführung von Donald Trump und der Ankündigung seines „Muslim-Banns".[7]

Wer sich so im eigenen Land verfolgt fühlt, sieht sich zur Selbstverteidigung herausgefordert und lässt sich gern auf eine Welle der Polarisierung ein. Wir finden dies in der politischen Orientierung vieler Evangelikaler wieder. So glauben sie, steuernd eingreifen zu müssen, um Schlimmeres zu verhindern. Sie erheben einen ernstzunehmenden Machtanspruch auf das Schulwesen (zur Einführung ihres Verständnisses der Schöpfungslehre), auf die Gesetzgebung in Sachen Abtreibung, Schwulenehe, Waffenrecht. Während weniger als 70 Prozent der weißen Wähler aus der Arbeiterklasse für Trump stimmten, taten dies über 80 Prozent der weißen Evangelikalen.[8] Sie wählten Trump, obwohl er trotz ihrer rigorosen sexualethischen Ansichten nachweislich ein Ehebrecher ist, obendrein ein Lügner, Steuer-Betrüger, Rassist, Hass-Prediger,

---

6 *Philip Gurski*: Am Scheideweg. Amerikas Christen und die Demokratie vor und nach Trump, Freiburg/Basel/Wien 2020, 98.
7 Ebd.
8 Ebd., 155.

Gewaltverherrlicher und Verächter der demokratischen US-Ver-
fassung.[9] Sie preisen ihn als von Gott gesandt wie ehemals Kyros
(vgl. 2.Chr 36; Esra; Jes 45 usw.), der die Israeliten aus persischer
Gefangenschaft entließ – Donald Trump als Befreier der US-ameri-
kanischen Nation! Offensichtlich hat ihnen der seit Ronald Reagen
begonnene Einfluss auf den amerikanischen Machtapparat nun
unter Trump einen Höhepunkt beschert. Anscheinend hat sie das
völlig verblendet. Daraus erklärt sich wohl auch ihre große Enttäu-
schung über den eingetretenen Machtverlust nach der „gestohlenen Wahl", leider auch ihre unverhohlene Aggressivität in Verbindung mit dem Wunsch nach Rache. Die Republikanische Partei und
Evangelikale versprachen sich von ihrer Verbindung die dauerhaf-
te „Übernahme" (Steve Bannon) der USA. So zeigt sich, wenn religiöse Strömungen nach politischer Macht streben, verlassen sie
den biblisch-theologischen Boden christlichen Daseins. Philip Gorski
nennt das „eine Form des Christentums [mit] einem Hang zum
Autoritarismus".[10] Der Evangelikalismus der USA müsste in seiner
Logik zu einer Art Gottesstaat führen. Wer allein die Deutungshoheit
über Bibel und Glaube besitzt und daraus einen Machtanspruch zu
deren Durchsetzung für alle Bürger ableitet, kann damit auch die
Herrschaft über den Staat begründen. Das Ziel, einen Gottesstaat
zu errichten, ist also keine verleumderische Unterstellung, sondern
ist vielen Veröffentlichungen der Religiösen Rechten der USA zu entnehmen. Hier ein Beispiel dazu:

*Christen haben eine Verpflichtung, ein Mandat, einen Auftrag, eine
heilige Verantwortung, das Land für Jesus Christus zurückzuerobern –
um die Herrschaft in den zivilen Strukturen zu haben, genauso wie in
jedem anderen Aspekt des Lebens und der Frömmigkeit [...] Aber es ist
Herrschaft, nach der wir streben [...] Welteroberung.[11]*

Wir müssen uns nur einmal vorstellen, was die Folgen wären,
hätte der Sturm auf das Capitol am 6. Januar 2021 Erfolg gehabt!

---

9   Vgl. *Reinhard Bingner*: Der ehebrechende Messias. Donald Trump und die
    jüngere amerikanische Religionsgeschichte, FAZ Nr. 209 v. 08.09.2020.
10 *Philip Gorski*, Am Scheideweg, 83.
11 George Grant, ehem. Geschäftsführer von Coral Rigde Ministries, in: *George
    Grant*: The Changing of the Guard, Fort Worth, 1987, 50; zitiert nach: *Annika
    Brockschmidt*: Amerikas Gotteskrieger, 119.

Mein Kommentar: Christen, denen durch Indoktrination und Denkverbote geistliche und geistige Wachstumsmöglichkeiten verwehrt sind, fehlt die Orientierung. Als theologische Analphabeten bleiben sie unmündig und deshalb leichte Beute für Verführer und Verschwörungserzählungen. In Mega-Churches gibt es keine Einübung in demokratische Praktiken. Dafür sind diese Gemeinden zu groß und die Besucher zu Konsumenten reduziert. Nach einer PEW-Umfrage von 2010 glauben 58 Prozent der Evangelikalen in den USA, Christus käme vor 2050 zurück,[12] dann begänne das Reich Gottes (Postmillenarismus). In dieser Zeit davor gäbe es den Kampf zwischen Gut und Böse in Verbindung mit Chaos und Katastrophen. Dieser Kampf hat nun schon begonnen und muss durchgestanden werden. Hier werden Aggressionen geschürt, die sich vor allem gegen alle Andersdenkenden richten, denn diese Andersdenkenden sind die „Bösen", die sich Christus und seinen Leuten entgegenstellen. Zu denen gehören natürlich die Demokraten. Man hat den Eindruck, dass das Capitol am 6. Januar 2021 von religiös-fanatischen Gotteskriegern gestürmt worden sei. Dazu passt das laute Gebet eines Eindringlings, gesprochen und gefilmt innerhalb der Senatskammer des Capitols:

Danke, dass du den Vereinigten Staaten erlaubt hast, wiedergeboren zu werden. Danke, dass du uns erlaubt hast, uns der Kommunisten, der Globalisten und der Verräter in unserer Regierung zu entledigen. Wir lieben dich und wir danken dir. Wir beten in Christus' heiligen Namen.[13]

Fundamentalismus zeigt hier seine hässliche Fratze wie alle Ideologien, die sich anmaßen, die Menschheit zu ihrem Glück zwingen zu müssen. Der biblische Boden ist dabei längst verlassen. Trennung von Staat und Kirchen, Religionsfreiheit und Menschenrechte sind folglich nur hinderlich.

---

12 Ebd., 105.
13 Zitiert aus *Annika Brockschmidt*: Amerikas Gotteskrieger. Wie die Religiöse Rechte die Demokratie gefährdet, Hamburg 2021, 9 (Videobeleg: https:// newyorker.com/ news/video-dept/a-reporters-footage-from-inside-the-capitol-siege).

Früher waren die Kirchengemeinden in den USA Schulen der Demokratie, besonders durch den Kongregationalismus[14]. Einer der Gründerväter der amerikanischen Demokratie, der Baptist Roger Williams, entwarf eine Verfassung 1643 für Rhode Island, in der zum ersten Mal in der modernen Geschichte die völlige Trennung von Staat und Kirche. Darin war auch Religionsfreiheit für jederann verankert. Das zählt bei fundamentalistisch geprägten Evangelikalen der USA nicht mehr. Roger Williams war eben kein US-Evangelikaler von heute.

---

14 Organisationsform der Gemeinden, in der die Gemeindeversammlung oberstes Gremium ist –typisch für die meisten Freikirchen.

Die Bergpredigt –
Leben als Nachfolger Jesu
Eine Orientierungshilfe zu Matthäus 5-7

1. Bergpredigt? – Ach ja!

Auf die Bergpredigt ist jeder ansprechbar. Neben den Zehn Geboten gehört sie zu den Kerntexten der Bibel. Manch einer kann sogar Teile daraus benennen wie die Seligpreisungen, das Gebot der Feindesliebe oder das Gleichnis von den beiden Bauherren, von denen einer auf Fels, der andere auf Sand baut. Aber viele wissen schon nicht, dass das bekannte Vaterunser auch Teil der Bergpredigt ist.

Die Bergpredigt kennen, heißt noch lange nicht, sie auch zu verstehen oder gar für das eigene Leben nutzbar zu machen. Auf viele macht sie den Eindruck einer moralischen Hochsprunglatte, die man lieber unten durch passiert als drüber zu springen.

2.   Bergpredigt – bekannt, aber verkannt?

Jesus richtet sich da wohl an besonders fromme und heilige Leute. Das ist nichts für Otto Normalverbraucher. Und schon sind wir bei den Erklärungsversuchen. Es ist hochinteressant, die verschiedenen Erklärungsmodelle zu betrachten. Sie zeigen fast alle eine Tendenz: die Konsequenzen zu vermeiden.

Da haben wir die **Mönchs-Ethik**. Die habe Jesus mit der Bergpredigt verkündet. Sie ist etwas für Menschen, die sich hinter Klostermauern in frommer Selbstverleugnung vom alltäglichen Leben fernhalten. Das ist wirklich nichts für jedermann.

Andere meinten, eine solche Ethik könnte man nur für eine kurze Zeit durchhalten (**Interims-Ethik**). Offensichtlich habe Jesus das Hereinbrechen des Reiches Gottes schon in ganz naher Zukunft erwartet und sich damit leider geirrt. Wir können diese moralische Sprinterleistung natürlich nicht als Marathon überstehen. Das muss doch jeder einsehen. – Allerdings müsste dieser Irrtum dann für das gesamte Neue Testament gelten, denn was Jesus in der Bergpredigt sagt, taucht auch in vielen anderen Texten auf.

Wieder andere sahen in der Bergpredigt eine **Himmels-Ethik**. In ihr steckt so viel wunderschön Himmlisches, dass man das Ganze gleich in die Ewigkeit Gottes verlagert. Dort gehört das alles hin. Es ist die Weise, im Paradies miteinander umzugehen. – Fragt sich nur, warum Jesus dann von Armut, Hunger, Feindschaft, Versuchungen usw. redet.

Dann gibt es die Erklärung der **Zwei-Reiche-Lehre**. Sie bezieht sich auf Luther und steht für eine Trennung zwischen weltlichem und geistlichem Leben. Für das weltliche Alltagsgeschäft taugt die Bergpredigt nichts, mit ihr kann man keine Politik machen (das behauptete von Bismarck, Helmut Schmidt und Helmut Kohl). Sie mag aber in der frommen Gemeinde und im Leben des Einzelnen als Richtlinie oder Beichtspiegel gelten. – Bei Jesus finden wir nichts von dieser Bewusstseinsspaltung.

Die Bergpredigt kann wie schon angedeutet als **Beichtspiegel** dienen. Das bedeutet: Eigentlich müssten wir so leben. Weil wir es aber nicht können, haben wir dies als unser Versagen vor Gott zu bekennen. Wollten wir sie aber doch in unserem Leben umsetzen, kann das auch als Hochmut gewertet werden gegenüber der Gnade Gottes. Die wird uns schließlich geschenkt ohne unser Verdienst. So sündigen wir, wenn wir nach der Bergpredigt leben (das ist Werkgerechtigkeit und Hochmut), wir versündigen uns aber auch, wenn wir es nicht tun, weil es doch eine Forderung Jesu ist. – Das verstehe, wer will!

Wieder andere nehmen die Bergpredigt als **Gesinnungs-Ethik**, also als Anregung für eine (edle) humanistische Gesinnung, die Richtschnur für allgemeines Handeln sein könnte aber ohne Jesusnachfolge. Die Bergpredigt ist ein fernes Ideal. Es ist eine Art platonische Beziehung zu ihr, also ohne erwartbaren Handlungsvollzug, vielleicht in dem Sinne von: „Wenn sich alle dran hielten, täte ich es auch." So ist die Gesinnung wichtiger als ein mögliches Handlungsergebnis.

Als **Kompromiss-Ethik** verstanden, versucht man dem (eigentlich kompromisslosen!) Umkehrgedanken die Schärfe zu nehmen und eine Balance herzustellen zwischen „wünschbar" und „machbar". Hier ist dann jeder sein eigener Bergprediger in der Auswahl dessen, was er sich zumutet. Jesus verneint gerade die Kompromissethik in der Scheidungsfrage (bezogen auf Mt 19,8: „Mose hat euch mit Rücksicht auf die Härte eures Herzens erlaubt, eure Frauen zu entlassen ... Ich aber sage euch: Wer seine Frau entlässt, begeht Ehebruch.")

Situations-Ethik verfährt ähnlich wie die Kompromissethik. Sie lässt hoffen, in der jeweiligen Situation im Sinne der Bergpredigt zu entscheiden und zu handeln. Ihr fehlt die vorgegebene verbindliche Norm.

Völlig außerhalb einer Bindung an die Bergpredigt liegt die **Sklaven-Ethik** im Sinne Nietzsches und später der Nationalsozialisten. Hier geht es nicht mehr um Erklärung der Bergpredigt, sondern um ihre völlige Ablehnung und Herabwürdigung.

Die ganz Harten sagen: Geschrieben ist geschrieben. Die Bergpredigt ist ein Gebot, das gefälligst einzuhalten ist – wortgetreu und ohne Kompromisse ist sie als **Gesetzes-Ethik** zu verstehen! Dabei gerät der Bergprediger Jesus mehr und mehr aus dem Blick, weil sich der Buchstabe der gesetzlich verstandenen Bergpredigt zwischen ihn und uns schiebt. Aber niemand, der vorgibt, diese Texte wörtlich zu nehmen, geht so weit, dass er sich ein Auge ausreißt, damit er keine Stielaugen auf das andere Geschlecht machen kann. (Mt 5,30) Also: Diese scheinbare Kompromisslosigkeit trägt auch nicht durch.

So sehen wir: Das Verständnisproblem löst sich durch diese verschiedenen Ansätze nicht. Sie dienen eher der Gewissensberuhigung, weil es anscheinend eine Fülle guter Gründe gibt, sich nicht nach der Bergpredigt zu richten.

Bleiben wir einmal eng beim biblischen Text: Jesus hat die Leute nicht unterhalten wollen mit verrückten Ideen. Er spricht vom Tun dieser Worte: „Wer meine Rede hört und tut, gleicht einem klugen Mann, der sein Haus auf Felsen baute." (Mt 7,34ff.). Er hat seine Zuhörer (vor allem Jünger) ernst genommen und wollte von ihnen ernst genommen werden. Deshalb spricht er präzise, zerstört falsche Erwartungen, eröffnet neue Lebens- und Handlungsfelder, die sehr mit den realen und manchmal schmerzhaften Verhältnissen zu tun haben (Armut, Hunger, Verfolgung, Feindschaft, Unversöhnlichkeit, Existenzangst). Jesus hat sehr wohl erwartet, dass seine Worte nicht nur einen Seufzer der Sehnsucht nach einer heilen Welt auslösen, sondern gelebt werden. Wie könnte er sonst vom „Salz der Erde", vom „Licht der Welt" (Mt 5,13-16) und später vom durchdringenden Sauerteig (Mt 13,33) reden, wenn es keine Verzahnung (besser im Sinn von Eindringen und Durchdringen) gibt zwischen der Lebensweise seiner Jünger und der „Welt"? Das richtet sich eindeutig gegen die Zwei-Reiche-Lehre, auch gegen die Mönchsethik. Jesus spricht vom konkreten Leben inmitten dieser Welt wie sie nun einmal ist. Die Wirkung liegt ja gerade im Kontrast zu den Standards dieser Welt. Die Umkehr ist zugleich ein Heraus aus den sattsam bekannten und zerstörerischen Spielregeln dieser Welt und ein Hinein in diese Welt, um in ihr als Nachfolger Jesu wirksam zu werden als Licht, Salz und Sauerteig.

So kann Jesus unterstellt werden, dass er seine Anweisungen für umsetzbar hielt. Wie sollte er sie sonst abschließen mit dem Gleichnis von den Bauherren, in dem er ausdrücklich zum Handeln nach seinem Wort auffordert (Mt 7,24)? Jesus war stets bedacht, den Lebensvollzug seiner Anhänger im Sinne seiner Reden zu mobilisieren. In der Lukasparallele zur Bergpredigt heißt es: „Was nennt ihr mich Herr, Herr, und tut nicht, was ich euch sage?" (Lk 6,46) Die oben genannten Erklärungsversuche zur Bergpredigt sind eigentlich Mogelpackungen und Ausweichmanöver mit dem (gewünschten!) Ergebnis: Die Bergpredigt zu den Akten!

3.   Ein paar Sacherklärungen

Die Bergpredigt steht im Matthäusevangelium. Es sind die Kapitel 5 bis 7. Ihren Namen hat sie durch die Ortsangabe in Kap. 5,1. Predigt wird dieser Text genannt, weil es sich um eine längere Rede handelt. Genauer gesagt, haben wir es mit einer Lehrunterweisung zu tun.

Die drei Kapitel sind übrigens eine Zusammenstellung von Einzelreden Jesu. Man muss sich das also nicht so vorstellen, als hätte Matthäus auf dem Berg dabei gestanden und eine lange Rede Jesu protokolliert wie ein Parlamentsstenograf. Es schien ihm aber sinnvoll, gesammelte Einzelreden zusammenzustellen und als einen kompletten Redeblock zu überliefern. So wird die Lehre Jesu übersichtlich und gewinnt in dieser Dichte an Aussagekraft. Anzunehmen ist nach bisherigen Erkenntnissen, dass Matthäus (ebenso Lukas) auf eine schon vorhandene Textvorlage („Redenquelle") zurückgriff. Die Lukasparallele zur Bergpredigt finden wir in Lk 6,20-49. Dort ist die Rede kürzer und etwas abgewandelt überliefert.

Angesprochen ist in der Bergpredigt die Volksmenge (5,1; 7,28), speziell sind es aber die Jünger Jesu (5,1).

Auffällig in der Bergpredigt ist die offensichtliche Parallele zu Mose, dem Bringer der Gebote Gottes (Tora). Jesus tritt in erstaunlicher Autorität als Toralehrer auf. Er erlaubt sich, die Überlieferung zu bewerten: „Ihr habt gehört ... Ich aber sage euch..." (5,17-48) Gerade der Schluss der Rede zeigt, dass Jesus sich gegen die Schriftgelehrten gewaltig abhebt, denn „die Volksmenge erstaunte (oder: war entsetzt!) über seine Lehre, denn er lehrte sie wie einer, der Vollmacht hat, und nicht wie die Schriftgelehrten." (7,28f.)

4. Die einzelnen Texte der Bergpredigt

Seligpreisungen (5,3-12),
Bildworte „Salz der Erde", „Licht der Welt" (5,13-16),
Jesu Verhältnis zu „Gesetz und Profeten" (5,17-20),
„Antithesen" (5,21-48),
Töten und Versöhnung (5,21-26),
Ehebruch und Ehescheidung (5,27-32),
Eid und Wahrhaftigkeit (5,33-37),
Vergeltung und Feindesliebe (5,38-48),
Warnungen vor Heuchelei (6,1-8;14-18),
Vaterunser (6,9-13),
Mahn- und Gleichnisworte gegen Reichtum, Sorge,
    mangelndes Vertrauen (6,19-34),
Verbot des Richtens (7,1-5),

Entweihung des Heiligen (7,6),
Gleichniswort vom Gebetsvertrauen (7,7-11),
Die „Goldene Regel" (7,12),
Mahnwort vom „engen Tor" (7,13-14)
Warnung vor heuchlerischen Glaubenslehrern (7,15-23),
Gleichnis vom Hausbau (7,24-27).

5.   Besonderheiten der Texte

Die Bergpredigt steckt voller Bilder und Anspielungen. Den damaligen Hörern und Lesern der Texte waren sie geläufiger als uns. Licht und Salz hatten eine ganz andere Funktion in ihrer Zeit und Kultur. In einer Welt ohne Elektrizität spielt Licht eine ganz andere Rolle, speziell in einer Gegend, in der es regelmäßig gegen 18 Uhr stockfinster wird. Salz benutzen wir heute vor allem zum Würzen, damals aber war es außerordentlich wichtig als Konservierungsmittel. Wir finden Anklänge an die damalige Gerichtsbarkeit, an das Scheidungsrecht, an Gebetspraktiken, an unterschiedliche Bevölkerungsgruppen (Schriftgelehrte und Pharisäer), an die Fastenpraxis usw.

Dazu kommen Übertreibungen, die Jesus hier ganz gezielt einsetzt: Auge ausreißen, Perlen vor die Schweine werfen, Balken im Auge haben, die linke Hand weiß nicht, was die rechte tut usw. Derartige Aussagen werden auf die Spitze getrieben, um etwas zu verdeutlichen. Dabei muss man schon ein wenig aufpassen: Die radikale Redeweise ist nicht der Kern, sondern ein Mittel der Botschaft.

Ebenso ist uns die rabbinische Lehrpraxis wenig geläufig. Auf sie spricht Jesus aber bewusst an. Er äußert sich zu Aussagen, die allgemein als gültig angesehen wurden, weil sie aus der Tora oder aus der alten Überlieferung stammen. Ein Rabbi zitierte sie, um dann eine Anwendung oder Weiterführung als Auslegung hinzuzufügen. Ganz typisch in 5,38 das Zitat („Ihr habt gehört ..."), dann die rabbinische Auslegung in 5,39a („Ich aber sage euch ...") mit zwei anschließenden Beispielen (5,39b-41).

Diese Textstellen werden „Antithesen" genannt (Gegenthesen, wegen des „Ich aber sage euch ..."). In Wahrheit stellt sich Jesus gar nicht gegen das Gebot, sondern legt dessen Tiefendimension offen.

Es geht ihm um den Sinn der Gebote. Das wird an seinen Worten zum 5. Gebot deutlich (5,21-22): Mord beginnt ja schon lange vor der Tat. Die Geringschätzung des anderen bereitet den Boden dazu. Deshalb lenkt Jesus den Blick so scharf – wohl auch bewusst übertrieben – auf dieses Vorfeld der schlimmen Tat. Das deckt sich mit dem, was er an anderer Stelle sagt (Mt 15,19): „Aus dem *Herzen* kommen böse Gedanken, Mord, Ehebruch, Unzucht, Diebstahl, falsches Zeugnis." Deshalb steht bei ihm unser Sinnen und Trachten auf dem Prüfstand. Dazu Näheres im nächsten Punkt.

6.   Sinneswandel und Nachfolge

Jetzt kommen wir zu dem wohl wichtigsten Punkt: Wenn wir in der Bibel ein wenig zurückblättern, lesen wir in Kapitel 4,17 den Kernsatz der Verkündigung Jesu: „Tut Buße, denn das Reich der Himmel ist genaht!" Mit dieser Aufforderung verbindet er die Einladung: „Kommt her, folgt mir nach!" (4,19) Beides müssen wir näher betrachten, um dann den Sinn der Bergpredigt zu entdecken.

Uns schreckt stets der Begriff „Buße". Damit verbinden wir aber andere Vorstellungen als sie im Text gemeint sind. Im Original heißt es „*metanoeĩte*" und ist wörtlich zu übersetzen mit „Wandelt euren Sinn!" Mit Sinneswandel (*metánoia*) können wir schon eher etwas verbinden, nämlich eine Änderung unserer Einstellungen, Werte, Planungen und Verhaltensweisen. Das sind alles Bereiche, die mit unserem künftigen Verhalten zu tun haben. Gleichzeitig steckt darin auch die Abkehr von bisherigen Einstellungen usw., also eine echte Lebensänderung. Jesus erwartet allen Ernstes von seinen Zuhörern, dass sie Abschied nehmen von einem liebgewordenen und für selbstverständlich gehaltenen – aber leider falschen – Sinn. Was nun richtig oder falsch sein soll, ist damit noch nicht gesagt. Aber wer aufmerksam die täglichen Nachrichten verfolgt, ahnt, dass wohl sehr viel falsch läuft in unserer Welt. Und keiner kann sich herausmogeln, dass er nicht auch seinen Anteil daran hat.

Zur *metánoia* – dem Sinneswandel – kommt noch die Einladung zur Nachfolge. Beides gehört zusammen. Wer sein Leben ändern will, hat einen neuen Weg vor sich. Er ist von Jesus eingeladen, diesen nicht aus eigener Kraft, nicht ohne ihn, nicht ohne Orientierung an Jesus zu gehen. Ein neuer Sinn will erst einmal erschlossen und mehr und mehr ausprobiert sein. Das ist wie Laufenlernen beim Kleinkind. Damit verbinden sich Versuche, Pleiten, neue Perspektiven, Unsicherheiten, Erfolge, Vertrauen, Rückschläge, Ermutigung durch andere, Erfahrungen usw. Hier wird also ein ganz neuer Lebenshorizont erschlossen. Wer zu Jesus gehört, ändert seinen Sinn und folgt Jesus nach.

7. Sinn und Ziel der Bergpredigt

Jesu Einladung zur Umkehr und Nachfolge erschließt uns die Bergpredigt. Sie ist genau genommen eine *Erläuterung* dazu. Die Ethik ist hier eine Nachfolge-Ethik, also die Denk- und Lebensweise der Nachfolger Jesu.

Daraus erklärt sich erst einmal der Schock, den die Bergpredigt verursacht. Was Jesus hier sagt, passt natürlich nicht mit unserer gängigen Denkweise zusammen. Wir beurteilen die Aussagen Jesu aus dem Blickwinkel unserer eingefahrenen Verhaltensmuster und stellen fest: Das funktioniert nicht. Und das stimmt sogar. Es kann auch gar nicht funktionieren. Denn: Wir können nicht etwas völlig Neues ausprobieren und gleichzeitig soll alles beim Alten bleiben. Das wäre wie Fliegen und Tauchen gleichzeitig.

Der Sinneswandel muss bei uns erst einmal langsam in Fahrt kommen, wie bei einem Rechtshänder, der als Pechvogel seine Rechte im Gips hat. Nun trainiert er auf links um. Das erfordert Umdenken und Umorientieren und gelingt eben nicht auf Anhieb.

Wer sich aber auf den Bergprediger Jesus einlässt und auf seine Aussagen in der Bergpredigt, wird nun Entdeckungen machen. Diese Rede Jesu ist eben nicht der Knüppel unbarmherziger und unerfüllbarer Forderungen. Sie ist vielmehr eine Einladung, das neue Denken auszuprobieren und damit Erfahrungen zu sammeln. In der Bindung an Jesus können wir es wagen. Schief gehen kann zunächst nur, dass wir beim Probieren manches vermasseln. Wir sind

Die Bergpredigt. Leben als Nachfolger Jesu

eben keine Glaubenshelden. Aber Jesus hält uns fest und lädt uns ein, weiterzumachen. Wir entdecken dann:

- Gott sind die Menschen wichtig, die mir bisher als Verlierer erschienen (Seligpreisungen: 5,3-12). Das verändert meinen eigenen Blick für sie.
- Unser Leben ist nicht sinn- und wirkungslos. Wir sind Licht und Salz in dieser Welt. Das sind wir zu Gottes Ehre (5,13-16).
- Wir können zuchtvoll leben, weil Selbstsucht nicht mehr unser Weg ist (Beispiel Ehebruch: 5,27-30).
- Wir akzeptieren nicht mehr die Niedrigstellung der Frau. Jesus spricht sich gegen die leichtfertige Scheidung durch die Männer damals aus (Scheidung: 5,31-32).
- Wir wollen und können zuverlässig sein (Ja/Nein/Schwören: 5,34-37).
- Was uns im Innersten beschäftig, drängt zur Tat. Deshalb können wir einüben, zuchtvoll mit unseren Mitmenschen umzugehen (Beschimpfen/Erniedrigen/Töten: 5,21-22).
- Rache und Gewalt finden bei uns keinen Widerhall. Versöhnung ist möglich. Liebe überwindet Stolz, Hass und Rache (Versöhnung: 5,23-26; Feindesliebe: 5,43-48).
- Wir können Vertrauen haben in Gottes Fürsorge (6,25-34).
- Wir können offen und ehrlich mit Gott reden (Gebet/Vaterunser: 6,5-15).
- Wir suchen nicht mehr den Weg der Selbstsucht. Er ist ein Irrweg (breiter und schmaler Weg: 7,13-14).
- Wer Jesus folgt, hat festen Grund für sein Leben. Er glaubt ihm nicht nur, sondern er tut auch, was er sagt und möglich macht (Gleichnis vom Hausbau: 7,24-27).

Jetzt merken wir: Jesus schwingt hier nicht den Knüppel quälender Gesetzeserfüllung. Er lädt ein, die neue Lebensweise auszuprobieren und dabei zu erfahren, dass das tatsächlich möglich ist. Die „Goldene Regel" (7,12) zeigt schon gut begehbares Gelände, denn wo ist das Problem, wenn ich dem anderen so begegne, wie ich es mir von ihm wünsche? Da muss ich doch nur tun, was ich ohnehin für richtig halte.

Nun wird klar: Jesus will uns die Bergpredigt nicht als Gesetz verordnen. Wir müssen auch nicht alles abarbeiten und komplett erfüllen. Jesus lädt uns ein, durch die offene Tür des Lebens mit ihm zu gehen und neues Land, neue Lebensmöglichkeiten zu entdecken. Wir müssen nicht mehr die alten Denk- und Lebensweisen als bindendes Gesetz betrachten. Wir sind frei, ganz anders zu leben. Wir leben als Nachfolger Jesu. Als Menschen, die zu Jesus gehören, werden wir durch den Heiligen Geist befähigt umzudenken und anders zu handeln.

Übrigens: Die Bergpredigt ist Teil des ganzen Neuen Testamentes. In ihren Aussagen ist sie kein Sonderfall. Viele Aussagen finden wir in anderen Schriften des Neuen Testamentes in ähnlicher Weise wieder. Hier nur einige Beispiele: Röm 12,2.9-12; Kol 3,12-17; 1.Pet 3,8-9. Das gerade bestätigt die Bedeutung der Bergpredigt. Wer diese Bedeutung für heute bestreitet, müsste demzufolge auch die Bedeutung weiter Teile der Bibel verneinen.

8. Zu schön um wahr zu sein?

Kein Haken an der Sache? – Doch. Wenn jemand meint, Christsein kann eine Kombination von alter Lebensweise mit etwas Frömmigkeit sein, dann hat er nichts von der *metánoia* verstanden, dann hat er Jesus nicht verstanden. Christsein ohne wirkliche Nachfolge – zu Jesus gehören, aber sein Leben nicht mit ihm gestalten – was soll das sein? Da gibt es etwas aufzuarbeiten. Jesus bietet dazu eine wenig schmeichelhafte aber hilfreiche Möglichkeit. Das geht so wie bei manchen Brettspielen: Zurück an den Anfang!

Ein anderer Haken an der Sache sei auch nicht verschwiegen: Wer umdenkt und Jesus nachfolgt, kann auf einmal Probleme haben, die er zuvor nicht kannte. Wer die Spielregeln unserer Welt infrage stellt und einfach nicht mehr mitmacht, kann sich eine handfeste Feindschaft einhandeln. Aus lächelnd toleranter Überheblichkeit über die „frommen Spinner" wird beängstigende Gegnerschaft, wenn die Beharrenden merken, dass das alles kein Spiel mehr ist. Sie sehen ihr System der alten Denkweise von Gewalt,

Tricksereien, Erniedrigung und Machtspielen in Gefahr. Das lässt sich nicht jeder gefallen. Jesus hat das erfahren müssen und viele andere, die ihm folgten auch (z. B. Dietrich Bonhoeffer, Martin Luther King).

Bonhoeffer und King sollten hier nicht abschrecken als unerreichbare „Säulenheilige". Das waren sie gar nicht. Sie haben aber gezeigt, dass eben doch geht, was angeblich gar nicht gehen kann: mit der Bergpredigt zu leben und verantwortlich in außerordentlichen Konfliktsituationen zu handeln. Jeder

> **Die meisten Menschen haben Schwierigkeiten mit den Bibelstellen, die sie nicht verstehen. Ich für meinen Teil muss zugeben, dass mich gerade diejenigen Bibelstellen beunruhigen, die ich verstehe.**
>
> Mark Twain (1835-1910)

von ihnen hat es auf eine ganz andere Art getan. Sie haben aber verstanden, wie hilfreich und notwendig die Bergpredigt für ihr Tun ist. Der Begriff „**Nachfolge-Ethik**" geht übrigens auf Bonhoeffer zurück.

Fazit: Die Bergpredigt gibt kein Gesetz vor, sondern die Sinn- und Denk-Richtung einer neuen Lebensweise. Sie ist keine Liste von Voraussetzungen, um ein Jünger Jesu zu werden, sondern sie zeigt die Ausrichtung des Lebensweges, den Jünger Jesu gehen wollen.

Die Anweisungen Jesu dazu sind vor allem *Beispiele*, wie das konkret aussehen kann. Gerade das macht nun das Lesen einzelner Texte interessant.

9.   Zum Schluss

Wer sich mit der Bergpredigt auseinandersetzt und sich auf sie einlässt, wird Mühe damit haben. Wenn er sie aber liest als Einladung Jesu, mit ihm selbst ernst zu machen, dann wird er entdecken, dass sie neue Lebens- und Handlungsfelder erschließt. Die alte Sehnsucht „Ganz anders *müsste* man leben!" wandelt sich in: „Ganz anders *kann* ich leben!" Mit Jesus ist das möglich, weil er mein Sinnen und Trachten heilt und formt und mich hält, wo ich unsicher bin. Hinter der Bergpredigt steht keine kalte Forderung, keine Drohung, sondern diese Einladung. Es ist ein Lernprozess, zu dem Jesus seine Jünger ermutigt, wenn er sagt:

„Kommt zu mir; ich will euch keine Lasten auflegen. Ich quäle euch nicht und sehe auf niemanden herab. Stellt euch unter meine Leitung und lernt bei mir; dann findet euer Leben Erfüllung." (Mt 11,29)

Was haben Freikirchen mit der Reformation zu tun?[1]

An der Formulierung des Themas fällt sicher auf, dass ich die Freikirchen nicht mit der Person Martin Luthers in Beziehung setze, sondern mit der Reformation insgesamt. Die Reformation ist nicht nur das, was von Wittenberg ausging, sondern zeitgleich von Zürich[2] und etwas später von England. Die Vorläufer der Reformation wie John Wycliff (1330-1384), Jan Hus (1372-1415) und Petrus Waldes (gest. vor 1518) blende ich dabei noch aus. So wird erkennbar: Ich habe etwas gegen diese Engführung und fast schon alleinige Zuspitzung auf die Person Martin Luthers (s. Werbegrafik der Jubiläumsveranstalter) – so sehr natürlich seine Impulse ihr bedeutsames Gewicht hatten und bis heute haben.

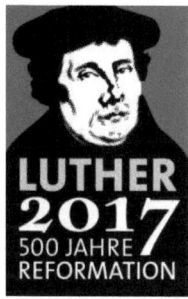

Unser Thema erörtere ich unter zwei verschiedenen Fragestellungen:
1. Sind die Freikirchen *geschichtlich* mit den Geschehnissen der Reformationszeit verbunden? Gibt es – so ist das gemeint – eine direkte historische Kontinuität?
2. Sind die Freikirchen *theologisch* mit den Inhalten der Reformation verbunden?

Beide Fragestellungen eröffnen jeweils einen völlig andere Perspektive auf die Position der Freikirchen zum reformatorischen Umfeld. Hinzu kommt mein eigener Blickwinkel in dieser Fragestellung. Ich referiere von baptistischer Position aus. Das ist insofern legitim, als dass die Baptisten nach den Mennoniten als älteste der bestehenden Freikirchen anzusehen sind. Sie stehen somit auch historisch dem Reformationsgeschehen am nächsten. Das erhebt natürlich keinen Alleinvertretungsanspruch gegenüber allen anderen Freikirchen.

---

1 Überarbeiteter Vortrag auf Einladung des Ökumenischen Aktionskreises Salzgitter Bad am 8. März 2017 in der dortigen Martin-Luther-Kirche. Später veröffentlicht in Freikirchen-Forschung (FF) 27 (2018), 111-123.
2 Zwingli predigte schon 1516 als Leutpriester in Einsiedeln gegen den Ablass.

1. Das Problem der „Selbstverortung"

Vorweg möchte ich etwas ansprechen, das ich vor allem Baptisten ins Stammbuch schreibe. Es ist aber auch für andere nicht uninteressant:

Baptistische Stimmen beteuern häufig, wir seien „Gemeinden nach dem Neuen Testament". Wir könnten als Baptisten unseren Ursprung, unseren Herkunfts-Stammbaum, direkt in der Zeit des NT ansetzen. Damit überspringen wir keck die 2000-jährige Kirchengeschichte (einschließlich der Reformation) als ginge uns das zwischenzeitlich Geschehene nicht wirklich etwas an.

So führt die weitestgehende Theorie den Baptismus historisch direkt auf die Zeit des NT zurück. Johannes der Täufer sei der erste Baptist gewesen. Oder man erklärt die erste Gemeinde in Jerusalem zur Baptistengemeinde.[3] Seit dem sei über alle möglichen Sondergruppen der Kirchengeschichte (Paulizianer, Albigenser, Henricianer, Waldenser, Täufer), die man schlicht zu Baptisten erklärte, der Baptismus durch die komplette Geschichte erhalten geblieben. Der Baptismus könne somit seine Herkunft wie in einem Stammbaum direkt auf die Zeit des NT zurückzuführen.

Historisch ist das schon deshalb nicht korrekt, weil es zur Zeit des NT sehr unterschiedliche Gemeindeprägungen gab. Welche wäre dann die einzig ursprüngliche, von der wir abstammen und die wir heute noch verwirklichen? Ist es Jerusalem oder Antiochien, Korinth oder Rom oder Philippi? Denken wir nur an den Konflikt zwischen Antiochien und Jerusalem gerade weil beide Gemeinden sehr unterschiedlich lebten und glaubten.

Es erübrigt sich nicht nur eine historische, sondern auch eine unreflektierte theologische Zuordnung. Die gesetzlichen Jerusalemer passten z. B. keinesfalls mit den charismatischen Korinthern

---

3 Das erste baptistische Missionsblatt sei die Apostelgeschichte gewesen usw.; so in: *William Cathcart* (Hg.): The Baptist Encyclopedia, 1881, 74; *D.M. Heimbucher* schreibt: „Der erste Baptist, den wir aus der Heiligen Schrift kennen, war Johannes der Täufer … Die ersten Christen waren also Baptisten, wenn sie auch nicht so genannt wurden, und die ersten Christengemeinden in Jerusalem, Rom, Korinth, Ephesus usw. waren Baptistengemeinden." in: *D.M. Heimbucher*: Was ist von den Baptisten zu halten?, Regensburg 1918, 9.

zusammen. Es gab schon damals nicht die eine und einzige Theologie und Praxis der ersten Christen. Von Anfang an war das christliche Leben ein vielstimmiges Konzert. Wir sollten deshalb auch ehrlich uns selbst eingestehen, dass wir auch nur eine Stimme im Gesamtkonzert der Kirchengeschichte sind. Wir sind weder das Orchester noch der Dirigent.

Ein reines Nachäffen damaliger Gemeinden würde auch gar nicht in unsere Zeit passen. Wir haben nicht den Auftrag, den Leuten von damals das Evangelium zu predigen, sondern den Menschen von heute. Und die Menschen von heute sind mitgeprägt von den geschichtlichen Ereignissen und theologischen Einsichten z. B. aus der Reformationszeit. Das können wir nicht ignorieren oder überspringen.

Es gibt auch noch eine verkürzte Variante zum baptistischen Stammbaum. Darin werden die Täufer der Reformationszeit kurzerhand zu Baptisten erklärt, und so sei unser Ursprung gleich historisch im Reformationsgeschehen verankert. – Damit würden wir aber eine theologische Verwandtschaft zu den Täufern in eine direkt historische ummünzen. Das ist unsachgemäß. Die Täufer sind nahe Verwandte im Geist. Das kann man auch von anderen sagen (z.B. Jan Hus). Deshalb sind die Täufer aber noch nicht unsere historischen Vorfahren. Das sei noch zu begründen.

Richtig ist an dem Wunsch, Gemeinde nach dem NT zu sein, dass wir dem NT die wesentlichen Grundgedanken unseres christlichen Glaubens und Gemeindeverständnisses entnehmen. Das ist uns wichtig – aber nicht nur uns allein. Darin liegt die Wahrheit der Aussage: „Die Bibel ist Richtschnur für Glauben und Leben." Deshalb betreiben wir Theologie. – Weiter will ich das nicht vertiefen.

Ich komme zur ersten Frage:

2. Sind die Freikirchen *geschichtlich* mit der Reformationszeit verbunden?

Gibt es – so ist das gemeint – eine linear-historische Kontinuität? Unbestritten ist, dass es *drei grundlegende Hauptströmungen der Reformation* gab. Auf eine vierte, die uns weniger geläufig ist, komme ich noch zu sprechen. Die drei Hauptströmungen gehören zur

kontinental-europäischen Reformation: die lutherische, die schweizerisch-reformierte und die täuferische – oft auch als „Linker Flügel der Reformation" bezeichnet.[4] Jede dieser Strömungen war in sich auch noch differenziert. Unser Herz als Baptisten erwärmt sich gern und leicht für die Täufer. Aber auch sie waren keine einheitliche Bewegung. Allerdings können wir sagen: Die täuferischen Bewegungen hatten gemeinsam folgende Grundeinsichten:
1. Gemeinde soll Gemeinde der Glaubenden sein;
2. deshalb ist die Taufe nur an Glaubenden zu vollziehen;
3. Kirche und Staat müssen – als logische Konsequenz – getrennt sein.

Das hat nach unserer heutigen Vorstellung grundlegende freikirchliche Züge, ohne dass die Täufer sich selbst als Freikirche bezeichnet hätten. Der Begriff „Freikirche" taucht ohnehin erst gut 300 Jahre später in Schottland auf.

Da die Täufer schon bald nach ihrem Auftreten und ihrer schnellen Verbreitung nicht nur verfolgt, sondern regelrecht brutal ausgerottet wurden (man kann von einem religiösen Genozid[5] sprechen), gelten die Mennoniten als eine Art Überlebensrest. Durch die von den Mennoniten selbst gewollte gesellschaftliche Isolation verfügten sie kaum über eine missionarische Durchdringungskraft.[6] Das durchaus als freikirchlich anzusehende Gedankengut der Täuferbewegung schien somit zur Belanglosigkeit zu verkümmern.

Wie kam es trotzdem zur Entstehung einer starken freikirchlichen Bewegung?

Ich komme auf eine häufig übergangene *vierte Strömung der Reformation* zu sprechen. Damit meine ich die Geschehnisse in England und Schottland des 16. und 17. Jahrhunderts. Unter Hein-

---

4 Vgl. *Heinold Fast*: Der linke Flügel der Reformation. Klassiker des Protestantismus, Bd. 4, Bremen 1962.

5 Wolfgang Kraus spricht von einem „Ekklesiozid", in: *Wolfgang Kraus*: Niemanden zu sich hereinlassen. Kündigen wir die Mennistenkonzession nach 350 Jahren? (http://lesbar.down-to-earth.de/media/krauss_wolfgang-niemand-zusichhereinlassen.pdf). *Rudolf Wolkan* (Hg.): Geschicht-Buch der Hutterischen Brüder. Wien 1923; hier werden in einer Tabelle – nur für das 16. Jhd.! – 2158 Hingerichtete aufgeführt.

6 Die 1990 gegründete Arbeitsgemeinschaft Mennonitischer Gemeinden in Deutschland (AMG) umfasst die Gemeinden, deren Geschichte zum Teil bis in die Reformationszeit zurückgeht. Sie vertritt ca. 5.200 Mitglieder.

rich VIII. gab es ab 1530 so etwas wie die erste Reformation in England. Sie bestand hauptsächlich in der Loslösung der englischen Kirche von Rom. Hintergrund dazu war die erste Ehescheidungs-Absicht Heinrichs. Der Papst stimmte der Scheidung nicht zu. Der Einfachheit halber löste Heinrich die englische Kirche von der römischen. Es erfolgten obendrein einige kosmetische Korrekturen (Aufhebung des Zölibats, Auflösung der Klöster). Die Kirche war somit Staatskirche. Oberhaupt war nun statt des Papstes der englische König.

Es kam zu einigen Wirren nach dem Tode Heinrichs mit einem Hin- und Her zwischen Verbleib bei Rom und Trennung von Rom. In dieser Zeit verbreitete sich auch das kontinental-europäische Gedankengut der dortigen Reformation durch Schriften Luthers und Calvins. Es entwickelte sich ein Widerstand gegen die englische Staatskirche und das jeweilige königliche Kirchenoberhaupt. So entstanden unterschiedliche Gruppen, die unter dem Sammelbegriff „Puritaner" (oder auch „Dissenters") schon in der zweiten Hälfte des 16. Jahrhunderts wirksam wurden. Man spricht von mehreren Wellen der englischen Reformation bzw. zusammenfassend von der „Puritanischen Reformation". Weil Puritaner als staatsgefährdend galten, wurden sie verfolgt. Viele flohen zunächst nach Holland.

Eine Gruppe um *John Smyth* (um 1566-1612) und *Thomas Helwys* (um 1550-1616) bildete in der Nähe von Lincoln/England eine Separatistengemeinde.[7] Wegen des staatlichen Drucks mussten auch sie fliehen und fanden 1608 Quartier in Amsterdam. Sie logierten in einem Hinterhaus des Ostindischen Backhauses. Bäckermeister Jan Munter war waterländischer Mennonit. Mit dem werden die Flüchtlinge nicht nur über Brot oder Schiffszwieback diskutiert haben, sondern auch über Fragen des Glaubens, der Gemeindebildung und natürlich auch – was bei Mennoniten nahe lag – Fragen der Taufe. Da die Flüchtlinge der Anglikanischen Kirche das Recht absprachen, legitime Kirche zu sein, hielten sie

---

7 *John H. Y. Briggs*: Die Ursprünge des Baptismus im separatistischen Puritanismus Englands, in: *Andrea Strübind / Martin Rothkegel* (Hg.): Baptismus. Geschichte und Gegenwart, Göttingen 2012, 3.

Thomas Helwys
(1550-1616)

John Smyth
(1566-1612)

damit auch ihre Amtshandlungen für ungültig. Das galt somit auch für ihre eigene Säuglingstaufe. Deshalb kam es unter ihnen – auch in der Erkenntnis, dass nur Gläubige zu taufen seien – zu den ersten Taufhandlungen. Die Flüchtlinge hätten eigentlich Mennoniten werden können, wollten aber nicht deren Vorstellungen übernehmen, z. B. sich gesellschaftlich zu isolieren, keinen Eid zu leisten, keinerlei öffentliche Ämter zu bekleiden und keinen Wehrdienst zu leisten. So entstand 1609 die erste Baptistengemeinde in Amsterdam. Der Name „Baptisten" war ein späterer Spitzname.

Die Gründung der ersten Baptistengemeinde ist somit historisch entweder an der Täuferbewegung festzumachen (wegen des Kontaktes zu den Mennoniten) oder (trotz des Kontaktes zu Mennoniten) als eigenständige Gemeindegründung anzusehen, weil die Gruppe schon zuvor in England eine Gemeinde gebildet hatte. Dann allerdings kann man nicht mehr von einer historischen Kontinuität mit der Reformation in Deutschland oder der Schweiz sprechen. Es besteht aber nachweislich eine historische Verbindung zur puritanischen Reformation. Über beide Ansätze gibt es einen Gelehrtenstreit.[8]

Fazit zu den geschichtlichen Wurzeln: Eine historische Anbindung an die Geschehnisse der kontinentalen Reformation ist für den Baptismus kaum am recht kurzlebigen Kontakt zu den Mennoniten am Anfang des 17. Jahrhunderts festzumachen. (Der Methodismus ist ohnehin gut 120 Jahre später anzusetzen.) Die Begegnung mit den Mennoniten nenne ich einen „befruchtenden Kontakt". Die schon bestehende Gemeindebewegung bekam da-

---

8   Nach *Andrea Strübind* (Die unfreie Freikirche, Neukirchen-Vlynn 1991, 22f.) wird die Entstehung des Baptismus entweder in der Kontinuität zur Täuferbewegung des 16. Jhds. gesehen (Fritz Blanke) oder auf die „zweite puritanische Reformation" in England des 17. Jhds. zurückgeführt (J.D. Hughey, R. Thaut, P.A. Duncan).

durch in der Tauffrage ihren wohl entscheidenden Impuls.[9] Die Täuferbewegung selbst oder allein als Wurzel eines baptistischen Stammbaumes zu vereinnahmen, scheint anhand der Fakten als überzogen. Sicher aber ist, historisch gesehen, dass der Baptismus in der „puritanischen Reformation"[10] verwurzelt ist. Das gilt auch für andere Freikirchen, denn neben Baptisten haben auch andere Freikirchen (Methodisten, Quäker usw.) ihre historischen Wurzeln im angelsächsischen Raum.

Übrigens gibt es den Begriff „Freikirche" nur dort, wo es Staatskirchen gab. Gebräuchlich wurde der Begriff erst ziemlich spät. So tauchte er erstmalig in Schottland im 19. Jahrhundert im Zusammenhang mit der „Free Church of Scottland" 1847 auf.[11] „Freikirche" ist kein lehrmäßiger Abgrenzungsbegriff; er drückt eine *verfassungsmäßige Unterscheidung* zur Staatskirche aus. Da es in den USA nie eine Staatskirche gab, kann man dort auch nicht von Freikirchen sprechen, obwohl wir aus deutscher Sicht die dortigen Methodisten, Baptisten, Pflingstler usw. natürlich als Freikirchen bezeichnen würden. Aber vom Status her ist das nicht korrekt, sonst wären Lutheraner und Katholiken in den USA durch den gleichen Status gegenüber dem amerikanischen Staat auch Freikirchler.

Es stellt sich ohnehin die Frage, ob die *historische* Verbindung heutiger Freikirchen zum Reformationsgeschehen von ausschlaggebender Bedeutung sei, so als würde erst der historische Rückbezug zu einer der kontinental-reformatorischen Strömungen uns als „Kinder der Reformation" ausweisen. Neben der historischen Verbindung stellt sich schließlich viel dringlicher die Frage nach der *theologischen*.

Damit sind wir bei der zweiten Fragestellung:

---

9   Für letzteres spricht, dass gleichgesinnte Dissenters in Holland ohne diesen Kontakt zu Mennoniten eine andere Entwicklung nahmen, z.B. solche, die zunächst über Amsterdam nach Leiden zogen und 1617 über Plymouth mit der Mayflower nach Amerika auswanderten.

10 Begriff in: *Gottfried Victor Lechler*, Geschichte des englischen Deismus, Stuttgart/Tübingen 1841, 19.

11 *Erich Geldbach*, Freikirchen. Erbe, Gestalt und Wirkung, Göttingen 2005, 30 f.

3. Sind die Freikirchen *theologisch* mit den Inhalten der Reformation verbunden?

Gerade aus *heutiger* Sicht scheint mir diese Frage nach der Verbindung von uns Freikirchen zur Reformation die entscheidende zu sein. Das gilt im Blick auf theologische Gemeinsamkeiten oder auch Differenzen. Unsere theologische Verwurzelung in der Reformation will ich thesenartig herausstellen:

3.1 Erste These:

Freikirchen sind „Kinder der Reformation", weil sie von Anfang an klar zu den reformatorischen Grundsätzen standen und stehen: *sola gratia, sola fides, sola scriptura, solus christus*.[12]

SOLA SCRIPTURA
SOLA GRATIA
SOLA FIDE
SOLUS CHRISTUS
SOLI DEO GLORIA

Das waren anlässlich des Reformationsjubiläums auch die thematischen Schwerpunkte der Allianzgebetswoche 2017 – natürlich ganz selbstverständlich auch unter Beteiligung der Freikirchen. Schließlich stehen sie als „Kinder der Reformation" dazu.

Damit ist klar: Wir stehen theologisch

- zur bedingungslos sich schenkenden Gnade Gottes (*sola gratia*),
- zur allein dadurch möglichen Glaubensantwort des Menschen (*sola fides*),
- zum Wort Gottes (*sola scriptura*), das den Glauben begründet, und
- zum alleinigen Vertrauen auf Christus als Erlöser (*solus christus*)

---

12 Diese mit den Partikeln *solus* (allein) eingeleiteten Kernpunkte sind in einer ausführlichen vier- und inzwischen fünfteiligen (aufgrund von Einsichten der Barmer Theologischen Erklärung 1934 bzw. Vatikan II 1962 mit *solo verbo*) Form erst im neunzehnten Jahrhundert aufgekommen. Sie gehen aber auf Texte des sechzehnten Jahrhunderts zurück. Quelle: EKD-Schrift: Rechtfertigung und Freiheit. 500 Jahre Reformation 2017, Göttingen [4]2015, 11 u. 47 (Anm. 7), mit Bezug auf: Formula Concordiae. Solida Declaratio III, in: Die Bekenntnisschriften der evangelisch-lutherischen Kirche (BSLK), herausgegeben im Gedenkjahr der Augsburger Konfession 1930, Göttingen [11]1992, 927.

Dies bildet den gemeinsamen Grund evangeliumsgemäßer Theologie und Verkündigung aller reformatorischen Kirchen.

Für den deutschen Baptismus lässt sich das authentisch durch die „Rechenschaft vom Glauben" (RvG)[13] belegen. Sie ist kein offizielles Glaubensbekenntnis, aber ein Beleg dafür, was unter Baptisten theologisch Konsens ist.

Ebenso bestätigen alle offiziellen bilateralen Gespräche mit lutherischen Vertretern zweifelsfrei stets die Übereinstimmung zum Dreh- und Angelpunkt „Rechtfertigungs-Lehre".[14]

3.1.1 Kritische Anmerkung: Sprachliche Verschiebung zu „sola baptisma"

Zum Umgang mit den reformatorischen Grundaussagen scheint mir eine kritische Anmerkung angebracht. Es zeichnet sich eine sprachliche Verschiebung in den Veröffentlichungen der Landeskirchen aus letzter Zeit ab. Eine sprachliche Verschiebung bringt stets auch eine inhaltliche mit sich. In der – für Lutheraner grundlegenden und verbindlichen! – Bekenntnisschrift *Confessio Augustana* von 1530 ist in Art. 7 die Rede von der Kirche als „Versammlung der Heiligen" (*ecclesia congregatio sanctorum*). In Art. 8 heißt es ebenfalls: „...die christliche Kirche ... ist ... die Versammlung aller Gläubigen und Heiligen ..."

Neuerdings verschieben sich allerdings diese Begriffe: Statt vom reformatorischen Bekenntnis zum „Priestertum aller Glaubenden"[15] ist in den „Perspektiven für das Reformationsjubiläum"[16] zweimal

---

13 Rechenschaft vom Glauben, Hg.: Bund Evangelisch-Freikirchlicher Gemeinden in Deutschland, 1995 (https://www.baptisten.de/fileadmin/befg/media/dokumente/Rechenschaft_vom_Glauben.pdf).

14 Für die Baptisten: „Der Anfang des christlichen Lebens und das Wesen der Kirche". Ergebnisse des Dialoges zwischen EBF und GEKE, 2002-2004 (http://www.ecumenical-institute.org/wp-content/uploads/2012/11/DialoguebaptisteD.pdf); „Voneinander lernen – miteinander glauben". Konvergenzdokument der Bayrischen Lutherisch-Baptistischen Arbeitsgruppe (BALUBAG), 2009 (http://www.gftp.de/downloads/Konvergenzdokument_Voneinander_lernen_miteinander_glauben_(BALUBAG).pdf).

15 So von Luthers Schrift „An den christlichen Adel..." (1520) bis zum Glaubens-ABC der EKD unter „Priestertum aller Gläubigen" (https://www. ekd. de/ glauben/abc/priestertum_aller_glaeubigen.html).

16 500 Jahre Reformation – Luther 2017. Perspektiven für das Reformationsjubiläum, o.O., o.J. (https://www. luther2017.de/fileadmin/luther2017/material/grundlagen/perspektiven_luther2017_de.pdf).

von der „Priesterschaft aller Getauften" die Rede (Nr. 9 und 17). Das „Priestertum aller Getauften" finden wir auch in den „Theologischen Impulsen auf dem Weg zum Reformationsjubiläum 2017", Nr. 5 (EKD).[17]. So kann dann auch von der „Gemeinschaft der Getauften" die Rede sein (Synode der Landeskirche Badens).[18] Dieser Sprachgebrauch findet sich auch im Grundsatzpapier der sehr aktuellen „Kirche^2-Bewegung": „Kirche baut sich von den Getauften her auf" bzw. „Das allgemeine Priestertum der Getauften [ist] Ausgangspunkt von kirchlicher Entwicklung". Dabei geht es um die „Entdeckung der eigenen Berufung aus der Taufe".[19] Fast schon etwas versöhnlich klingt es, wenn in der „Theologischen Botschaft des Leitungskreises Reformationsjubiläum 2017" vom „Priestertum aller Glaubenden und Getauften" die Rede ist.[20]

Mir scheint, hier lässt sich eine Umwidmung nachvollziehen vom Glauben zur Taufe, von Kirche als Gemeinschaft der Glaubenden zur Kirche der Getauften. Wer da meint, beides sei doch durchaus austauschbar[21], muss zur Kenntnis nehmen, dass beide Begriffe zwar aufeinander bezogen sind, aber unterschiedliche Inhalte haben, also keinesfalls synonym verwendbar sind. Das NT ist darin eindeutig.[22] Die quasi untergeschobene Vorstellung, dass jeder, der getauft sei, auch glaubt, mag einer bestimmten Tauftheologie gerecht werden. Aber gerade die Säuglingstaufe lässt diesen Zusammenhang als Illusion erscheinen. Nach dem NT ersetzt die Taufe nicht den Glauben, sondern die Taufe setzt den Glauben voraus.

17 http://www.ekd.de/synode2012/schwerpunktthema/s12_04_iv_beschluss_kundgebung_reformationsjubilaeum2017.html.
18 So z.B. *Ulrich Fischer*: Ich bin getauft auf deinen Namen. Bericht zur Lage, Synode der LkBaden 2009. Da sich diese Formulierung häufig im katholischen Sprachgebrauch findet, vermute ich hier im evangelisch-lutherischen Raum eine – sicher nicht unbedachte – sprachliche Annäherung. Positiv: Im EKD-Papier Nr. 4 (2008) zur Taufe ist durchgängig von der „Gemeinschaft der Glaubenden" die Rede. https://www.ekd.de/EKD-Texte/69832.html.
19 http://www.kirchehochzwei.de/cms/content/eine-idee-ihre-geschichte.
20 https://r2017.org/fileadmin/downloads/news/160329_Erklaerung_Leitungskreis_final.pdf.
21 Das wurde mir ernsthaft in Gesprächen mit lutherischen Theologen so entgegen gehalten.
22 Beispiele für die sprachliche Differenzierung: Mk 16,16; Eph 4,5; Apg 8,36; 18,8.

Somit ist die Taufe kein Container, der alles andere automatisch enthält (*sola gratia, sola fides, sola scriptura, solus christus*). Wir kennen keinen reformatorischen Grundsatz, der da heißt *sola baptisma*. Ohne den Glauben des Täuflings ist der „Container" leer. Er enthält eben nicht Gnade, Glaube, Schrift und Christus. Den Menschen aber zu suggerieren, mit ihrer Taufe sei dies alles gegeben, hindert sie, sich wirklich nach der Gnade in Christus auszustrecken. Man führt die Leute nicht durch das Evangelium zum Glauben an Christus, sondern bringt sie lediglich zu einem Ritus mit der Bezeichnung „Taufe". Im NT steht die Taufe nicht über dem Glauben oder könnte ihn ersetzen. Das wäre theologisch unsinnig. Nach Römer 5,1 sind wir „gerechtfertigt durch den Glauben" und nicht durch die Taufe.

Hier scheint mir ein Einschub angebracht: Den Vorwurf, die Taufe über den Glauben zu stellen, muss ich auch gegenüber dem Baptismus vorbringen. Im Baptismus zählt der Glaube des Einzelnen zwar sehr hoch, wenn aber jemand in einer „konservativen" Baptistengemeinde seine geistliche Heimat gefunden hat und als Mitglied dazugehören möchte, geht das nicht ohne dessen Gläubigentaufe. Da hilft dann kein Hinweis auf den vorhandenen Glauben und die frühere Taufe als Säugling. Hier sehe ich die (Gläubigen-)Taufe über dem Glauben angesiedelt. Die Nachdenklichkeit über diese Diskrepanz hat inzwischen schon einiges in Bewegung gebracht.

Zurück zu den reformatorischen Grundsätzen: Ich möchte die Landeskirchen und uns Freikirchen ermuntern, die grundlegenden reformatorischen Erkenntnisse – *sola gratia, sola fides, sola scriptura, solus christus* statt *sola baptisma* – (wieder) neu aufblühen zu lassen.

3.1.2. Kritische Anmerkung: Jubiläumsplanung ohne die Freikirchen

Obwohl die Freikirchen „Kinder der Reformation" sind, blieben sie bei den Vorbereitungen zum Reformationsjubiläum schmählich unberücksichtigt. Die Beteuerung des damaligen EKD-Ratsvorsitzenden Schneider „2017 wird dieses Jubiläum erstmals von allen reformatorischen Kirchen in Deutschland gemeinsam vorbereitet",[23] ist schlichtweg unzutreffend oder zeugt von einem eingeengten Horizont, der nur die heutigen Mainstream-Kirchen Europas als reformatorisch ansieht.

So wirkt eben manches an diesem Jubiläum als Selbstbeweihräucherung: Man schaue sich nur die Veröffentlichungen an, in denen die positiven Entwicklungen der letzten 500 Jahre als Folge der quasi rein lutherischen Reformation gepriesen werden: Glaubensfreiheit, Gewissensfreiheit, Religionsfreiheit, Demokratie, Gleichberechtigung usw. Ähnliche Vereinnahmung der gesellschaftlichen Entwicklung nach der Reformation findet sich vielfach, so z.B.:

Sie [die Reformation] *wirkte als Bildungsimpuls, trug zur Ausbildung der modernen Grundrechte von Religions- und Gewissensfreiheit bei, veränderte das Verhältnis von Kirche und Staat, hatte Anteil an der Entstehung des neuzeitlichen Freiheitsbegriffs und des modernen Demokratieverständnisses – um nur einige Beispiele zu nennen.*[24]

Fakt ist: Diese Errungenschaften der letzten Jahrhunderte mussten gegen den z.T. erbitterten Widerstand der Landeskirchen (damals noch Staatskirchen) durchgesetzt werden. Gerade die Freikirchen waren – praktisch notgedrungen – die treibenden Kräfte für die letztendlich positiven Entwicklungen. Die erste demokratische Verfassung wurde 1639 vom Baptisten Roger Williams in Rhode Island konzipiert und umgesetzt. Da tobte in Deutschland noch der Dreißigjährige Krieg und Williams wäre hier schnell von Lutheranern öffentlich hingerichtet worden. Die Zwangstaufen an Baptistenkindern auf Betreiben der Landeskirche[25] in vielen Teilen

---

23 So im Geleittext des Ratsvorsitzenden Schneider zur Erstauflage (2014) der EKD-Veröffentlichung: Rechtfertigung und Freiheit. 500 Jahre Reformation 2017, Göttingen ⁴2015, 8. Zum wissenschaftlichen Beirat („[23] Perspektiven zum Reformationsjubiläum 2017") gehört kein Freikirchler. Lediglich dem Leitungskreis zum von der EKD und dem DEKT gegründeten Verein „Reformation 2017", der die Veranstaltungen des Jahres 2017 inhaltlich verantwortet, gehört ein Vertreter der VEF an (P. Peter Jörgensen).
24 Rechtfertigung und Freiheit. 500 Jahre Reformation 2017. Ein Grundlagentext der EKD, Göttingen ⁴2015, 9.
25 Vgl. zu Zwangstaufen: *Peter Muttersbach / Gotthard Wefel*: Die Anfänge des Baptismus zwischen Harz und Heide, Norderstedt 2015, 79-104.

Deutschlands im 19. Jahrhundert zeugen nicht gerade vom Willen, sich für Glaubens- und Gewissensfreiheit einzusetzen.

Aber es bleibt dabei – trotz meiner Kritik am eingeengten Horizont der Jubiläums-Planer: Wir sind als Freikirchen Kinder der Reformation durch die Teilhabe am reformatorischen Erbe, das wir in unserer Theologie vertreten und bewahren.

Das wird auch an einer bemerkenswerten Brücke zwischen der Theologie Luthers und der des Baptismus erkennbar in einem Ereignis besonderer Erinnerungskultur: Michael King, Baptistenpastor aus Atlanta, kam 1934 mit zehn weiteren Pastoren nach Berlin. Anlass war der 5. Weltkongress der Baptist World Alliance. In diesem Zusammenhang besuchte die Gruppe die Stätten der lutherischen Reformation in Sachsen-Anhalt und Thüringen. King war von der Bedeutung des Reformators so beeindruckt, dass er seinen eigenen Namen und den seines Sohnes in „Martin Luther" änderte. Andrea Strübind schreibt dazu: „Der Baptist Martin Luther King Jr. ging mit dem Namen des deutschen Reformators als Bürgerrechtler, Friedensnobelpreisträger und Theologe des gewaltlosen Widerstands in das kulturelle Gedächtnis der Weltgeschichte ein."[26]

3.2 Zweite These:

Freikirchen sind „Kinder der Reformation", weil sie die Geschehnisse des 16. Jahrhunderts – wie die Täufer und Puritaner damals – als eine „unvollendete Reformation" ansehen. Sie verstehen sich selbst als Teil einer notwendigen reformatorischen Bewegung: *ecclesia semper reformanda.*

Das knüpft an die schon damals weiterführende Täuferbewegung an. Gerade die Täufer empfanden, dass die Reformatoren zögernd innehielten, als es um die Konsequenzen der reformatorischen Erkenntnisse ging. Selbst bei Luther finden wir weiterführendes Gedankengut, das er aber nicht realisierte. Ich zitiere aus seiner Vorrede zur „Deutschen Messe" (1526):

---

26 *Andrea Strübind*: Erbe und Ärgernis. Was gibt es für Kirchen aus täuferischen und nonkonformistischen Traditionen anlässlich des Reformationsjubiläums 2017 zu feiern? In: *Volker Spangenberg* (Hg.): Luther und die Reformation aus freikirchlicher Sicht, Kirche – Konfession – Religion 59, Göttingen 2013, 71-87, hier 87.

Es gibt dreierlei Formen des Gottesdienstes: 1. eine lateinische für die Jugend, damit sie die lateinische Sprache lerne, 2. eine deutsche für die einfältigen Laien.

Diese zwei Arten Gottesdienst müssen öffentlich in der Kirche vor allem Volk gehalten werden. Darunter sind viele, die noch nicht glauben und noch keine Christen sind. Sondern der größere Teil steht da und gafft, um etwas Neues zu sehen, gerade als ob wir mitten unter den Türken oder Heiden auf einem freien Platz oder auf offenem Felde Gottesdienst hielten. Denn hier ist noch keine geordnete und richtige gegründete Gemeinde, in der man nach dem Evangelium die Christen regieren könnte, sondern es findet eine öffentliche Anreizung zum Glauben und zum Christentum statt.

Die dritte Form aber, die rechter evangelischer Gottesdienst haben müsste, dürfte nicht so öffentlich auf dem Platz unter allerlei Volk gefeiert werden. Sondern diejenigen, die mit Ernst Christen sein wollen und das Evangelium mit Wort und Tat bekennen, müssten ihre Namen in eine Liste eintragen und sich allein irgendwo in einem Hause versammeln, um gemeinsam zu beten, zu lesen, zu taufen, das Abendmahl zu empfangen und andere christliche Werke zu üben.[27]

Letzteres haben Baptisten gemacht und kamen dafür ins Gefängnis.[28]

Die Forderung der Täufer, der Puritaner und später der Freikirchen nach einer Trennung von Kirche und Staat erscheint im Prinzip schon bei Luther[29] und fand ihren Niederschlag in der *Confessio Augustana* von 1530, Art. 28: „*Darumb soll man die zwei Regiment, das geistlich und weltlich, nicht in einander mengen und werfen.*" Die Wirklichkeit sah in der Folgezeit leider deutlich anders aus. Die spätere Selbsteinschätzung, Kirche sollte *ecclesia semper reformanda*[30] sein, also Kirche in einem ständigen reformatorischen Prozess, bestätigt – nach meinem Verständnis – den Bedarf, dann auch nicht bei den Festlegungen der Reformationszeit stehen zu bleiben.

---

27 „Vorrede zur deutschen Messe", 1526. W.A. 19, 73f.
28 Vgl. *Peter Muttersbach / Gotthard Wefel*: Die Anfänge des Baptismus zwischen Harz und Heide, Nordersted 2015, Gefängnisaufenthalte: 111, 116f., 121, 123, 133f. 137, 153, 158, 197, 225, 230, 262.
29 Besonders in seiner Schrift: „Von weltlicher Obrigkeit, wie weit man ihr Gehorsam schuldig sei" (1523),
30 Diese Formulierung stammt erst 1947 von *Karl Barth* in: Die Botschaft von der freien Gnade Gottes, Zürich 1947, 19. Es gab allerdings ähnliche Formulierungen schon vor ihm (Friedrich Balduin 1610, Willem Teellinck 1627, Alexander Schweitzer 1863).

Denken wir nur an die schon mehrfach zitierte *Confessio Augustana* (CA) von 1530. Sie ist heute noch verpflichtende Lehrgrundlage aller lutherischen Pfarrer. Die darin enthaltenen Verdammungsurteile gegen die sog. „Wiedertäufer" (*damnant anabaptistas*) waren in der damaligen Konsequenz *Todesurteile*,[31] die gnadenlos vieltausendfach vollstreckt wurden. Die CA ist heute noch abgedruckt in allen Evangelischen Gesangbüchern und zwar mit den Verdammungsurteilen – heute verschämt mit der leicht zu übersehenden anfänglichen Anmerkung: „... sie richten sich nicht gegen den persönlichen Glauben bestimmter Menschen."[32] Was soll diese Aussage vermitteln?

Die Reformierte Kirche in der Schweiz hat ihre Verwerfungen der Täufer ausdrücklich für ungültig erklärt.[33] Eine solche Kehrtwende kennen wir von lutherischen Kirchen nicht. Die Gespräche zwischen dem Lutherischen Weltbund und den Mennoniten (2005-2008) führten am 27. Juli 2010 zwar zu einem Akt der Versöhnung, nicht aber zu einer offiziellen Abkehr von den Verdammungsurteilen.[34]

Mir sind noch in Schöningen von einer lutherischen Pastorin in einer ökumenischen Sitzung diese Verwerfungen als geradezu vernichtendes Urteil über meine Theologie und Gemeindepraxis vorgehalten worden mit der Folge, künftig die Zusammenarbeit

---

31 Begründet durch das reichsweit gültige „Wiedertäufermandat" von 1529 (II. Reichstag zu Speier), das jegliche täuferische Aktivität oder deren Unterstützung ohne Gerichtsurteil mit der Todesstrafe belegt.

32 Evangelisches Gesangbuch für Niedersachsen von 1994 unter Nr. 808. *Jürgen Moltmann:* „Die Verdammungsurteile der Confessio Augustana lassen sich nicht mehr aufrecht erhalten. Die Schwerfälligkeit der Landeskirchen, sich für das Zeugnis der täuferischen Gemeinden zu öffnen, ist auch in historischer Schuld begründet, wurden diese doch in der Reformationszeit von evangelischen und katholischen Kirchen und Obrigkeiten gemeinsam verfolgt, unterdrückt und ausgerottet!", im Vorwort zu: *John Howard Yoder:* Die Politik Jesu, Schwarzenfeld ³2012, XIII f.

33 So zum 2. Helvetischen Bekenntnis von 1566 im Versöhnungsprozess zwischen der Reformierten Kirche und den Mennoniten mit offiziellem Abschluss im Juni 2004.

34 Das Schuldbekenntnis enthält eine Selbstverpflichtung, wonach der LWB dafür Sorge tragen will, „die lutherischen Bekenntnisschriften im Licht der gemeinsam beschriebenen Geschichte von Lutheranern und Mennoniten zu interpretieren...". Frage: Was heißt das konkret?

11.

mit mir zu verweigern. Das war 1980 im Zusammenhang mit dem CA-Jubiläum.

Gerade weil wir „Kinder der Reformation" sind, ist es für uns als Freikirchen unerlässlich, uns einzubringen zur Frage nach den künftigen Entwicklungsprozessen. Dabei meine ich weniger eine Modernisierung innerkirchlichen Lebens. Es geht mir um die Sicht über den eigenen Tellerrand hinaus: Welche kirchlichen Entwicklungen sind nötig und machen es möglich, das Evangelium der rettenden Gnade Gottes allen Menschen glaubwürdig zu vermitteln?

Schauen wir uns dazu als Bsp. Jesu Gebet in Johannes 17,20f. an: „Nicht für diese allein bitte ich dich, sondern auch für die, die durch ihr Wort an mich glauben, dass sie alle eins seien ... damit die Welt glaubt, dass du mich gesandt hast." Hier wird uns schnell klar, dass wir darin alle gefordert sind – katholische Kirche, Landeskirchen und Freikirchen. Da geht es nicht um formale Einheit, sondern es gilt, den gemeinsamen Auftrag Jesu zu erfüllen „damit die Welt glaubt". Der Auftrag gilt uns. Das Ziel aber sind nicht wir! Wenn wir diese Aufgabe in der Vergangenheit verfolgt haben, dann häufig jeder für sich und oft genug in Konkurrenz zueinander mit dem Ziel, die eigene Position zu stärken oder zu wahren.

Gerade unter Freikirchlern ist häufig eine Abneigung gegen alles zu finden, was mit Ökumene zu tun hat. Zum Teil rührt dies aus bitteren Erfahrungen mit landeskirchlicher Dominanz und Schikane in früherer Zeit (und ich füge hinzu: mit Ignoranz in der Gegenwart). Umgekehrt ist aber auch freikirchlicher Hochmut nicht weniger verletzend gewesen für die Landeskirchen. Wenn wir es schaffen, uns diese Verletzungen nennen zu können, um einander Vergebung zuzusprechen, dann können wir auch glaubwürdig die vergebende Gnade Gottes denen sagen, die sie noch nicht kennen. Nur Versöhnte können Versöhnung glaubwürdig predigen.

„Healing of Memories" ist eine Begrifflichkeit aus der Aufarbeitung der leidvollen Apartheits-Zeit in Südafrika. Diese Begrifflichkeit ist inzwischen aufgegriffen worden auch für andere Konfliktfelder. So nannte ich schon den Versöhnungsprozess zwischen Mennoniten und der Reformierten Kirche in der Schweiz (2006-

148

2009),[35] Ebenfalls gab es ihn zwischen Mennoniten und dem Lutherischen Weltbund (Abschluss 2010) und der Vereinigung Evangelisch Lutherischer Kirchen in Deutschland und den Mennoniten (1998-1992 und 2012).[36]

Im Zusammenhang mit dem Reformationsgedenken weisen die beiden Landeskirchen des Rheinlandes und Westfalens darauf hin, dass besonders zu den übrigen Freikirchen ein derartiger Prozess als „Healing of Memories" bisher fehlt.[37] Sie haben von sich aus erste Schritte in die Wege geleitet. Eine entsprechende Arbeitsgruppe tagt seit 2015. Ich war selbst 2016 bei einer Tagung in Bonn als Referent dabei. Mich hat die Ernsthaftigkeit und Gründlichkeit sehr beeindruckt, mit der die beiden Landeskirchen das Thema behandeln. Das Reformationsjubiläum mit seinem zehnjährigen Vorlauf hat viele Themen zur Bearbeitung erkennbar gemacht. Dass das Verhältnis zwischen den Landeskirchen und Freikirchen dabei nicht oder nur am Rande zur Sprache kam, ist glücklicherweise einigen Landeskirchen aufgefallen und in Eigeninitiative aufgegriffen worden.

In bescheidenem Rahmen ist in Braunschweig seit 2014 ein ähnlicher Prozess im Gange. Die Initiative ging dazu von Dieter Rammler (Direktor der Evangelischen Akademie Braunschweig) und meiner Person aus. Zwei Symposien fanden 2015 und 2016 statt, in denen das Verhältnis zueinander thematisiert wurde. Im Oktober 2017 folgte eine ökumenische Begegnungs-Tagung in Braunschweig, diesmal auch mit katholischer Beteiligung. Thematisch wurde das Hohepriesterliche Gebet Jesu (Johannes 17) behan-

---

35 http://www.mennonews.de/archiv/2009/11/24/schweizer-dialog-zwi-schen-mennoniten-und-reformierten.

36 http://www.velkd.de/publikationen/texte-aus-der-velkd.php?publikation=285undkategorie=22.

37 Angemahnt wurde die Einbeziehung der Freikirchen schon seit längerem. So *Walter Fleischmann-Bisten*, Kinder einer unvollendeten Reformation. Freikirchliche Rezeption von Reformations- und Lutherjubiläen, in: Freikirchenforschung 20 (2011), 12-29; *ders.*, Stiefkinder der Reformation. Über Lutherische, Calvinische und Täufer: eine Geschichte voller Verletzungen, in: Schatten der Reformation. Der lange Weg zur Toleranz, EKD (Hg.), Frankfurt o.J. (2013), 14-17.

delt. Hier ging es um unseren gemeinsamen(!) Auftrag und dessen künftiger Realisierung.

Versöhnt miteinander umgehen können wir nur, wenn wir einander begegnen und kennen, offen und ehrlich zueinander sind, Verletzungen einander nennen können und entdecken, dass wir nicht nur auf einem gemeinsamen Weg sind, sondern auch einen gemeinsamen Auftrag haben.

4.   Schlussfolgerung/Zusammenfassung

1. Die thematische Fragestellung hat eine Antwort gefunden: Wir sind als Freikirchen Kinder der Reformation. Das lässt sich vor allem festmachen an der theologischen Übereinstimmung mit den reformatorischen Grundsätzen.
2. Wir betrachten die Reformation nicht als in sich abgeschlossenes Geschehen, sondern als notwendigen Prozess ständiger Erneuerung. Gerade darin sehen wir uns der Reformation verpflichtet. Dies geschieht in der Verantwortung vor Gott und seinem Wort.
3. Gerade weil wir – Landeskirchen und Freikirchen – Kinder der Reformation sind, haben wir die Aufgabe – um der Menschen willen – dies auch gemeinsam zu leben. Dazu gehört die Versöhnung gerade in Bezug auf die Verletzungsgeschichte und die Bereitschaft, aufeinander zu hören und einander zuzuwenden.

Wir haben einen gemeinsamen Auftrag von Jesus in Johannes 17,20f.:
Nicht für diese allein bitte ich dich,
sondern auch für die, die durch ihr Wort an mich glauben,
dass sie alle eins seien, ... damit die Welt glaubt,
dass du mich gesandt hast.

Zahlenmythos
Eine theologische Geisterstunde

Die folgenden Ausführungen sind nicht ernst zu nehmen. Sie sind eher als Realsatire einzuordnen. Das Thema habe ich aufgegriffen, weil ich feststellen musste, dass einige mit derartigen Gedankenspielereien das „fromme Fußvolk" zu beindrucken suchen. Ohnehin beobachte ich immer wieder in christlichen Kreisen bei nicht wenigen die Freude an Nebenthemen der Bibel, die sich tüchtig aufblasen lassen.[1] „Wissende" Verkündiger schlagen unkritische Gemeindeleute mit speziellen „Erkenntnissen" in ihren Bann. Dabei verstärkt sich bei mir der Eindruck, dies sei eine willkommene Art Flucht vor einer konkreten alltäglichen Jesusnachfolge. Vorrang bekommt die Suche nach dem prickelnden Kick in der Geisterbahn eines frommen Phantasia-Landes. Passend dazu heißt es im 2. Timotheusbrief im Blick auf anscheinend ungefestigte Christen: „Es kommt die Zeit, in der sie die unverfälschte Lehre nicht mehr ertragen wollen. Vielmehr werden sie sich neue Lehrer suchen, die ihren Bedürfnissen entsprechen und ihren Ohren schmeicheln. Aber vor der Wahrheit werden sie ihr Ohr verschließen und sich erfundenen Geschichten zuwenden." (2.Tim 4,3f.) Darunter ließen sich allerlei Themen verbuchen. Hier soll es nur um aktuell gängige Zahlenspielereien gehen.

Die folgenden „Erkenntnisse" werden sicher die Herzen derer höher schlagen lassen, die bestrebt sind, durch biblische Zahlensymbolik in ihrem (Aber-?)Glauben gestärkt zu werden, weil Zahlen scheinbar so wunderschön eindeutig und objektiv sind. Die Glaubenswelt bekommt eine sichere Ordnung; sie ist handhabbar, klar durchstrukturiert; alles ist zählbar bzw. aufzählbar und weist den „Wissenden", der sich damit auskennt, als jemanden mit höherer „Erkenntnis" aus. Und dies ist auch der Grund, weshalb Zahlen, denen man eine *Be-Deutung* zumessen kann, eine solche Anziehungskraft auf Menschen ausüben, die für deren *Deutung* Interesse zeigen.

---

1 Dazu gehören besonders Endzeitspekulationen in vielen Varianten, Vorstellungen von Himmel, Hölle und Totenreich usw.

12.

Die Zahlensymbolik in der Bibel ist offenbar. Dumm ist nur, sie als „göttliches Prinzip" zu verstehen und in allen möglichen Zusammenhängen entdecken zu wollen bis hin zu Verstümmelungen biblischer Aussagen und deren tatsächlicher Bedeutung – nur damit das Prinzip scheinbar als göttliche Ordnung erkennbar wird und die sehr menschlichen Deutungen den Schein erwecken, jemand verfüge über geheimes Wissen, das er zu enthüllen vermag. So kann es manchen reizen, eine Zahlensymbolik auch dort zu suchen, wo es sie gar nicht gibt.

Im ersten Teil der Darlegung soll das Vorkommen erkennbarer Zahlensymbolik in der Bibel aufgezeigt werden. Hier geht es also nur um den Sachverhalt als solchem. Die Auswahl hat lediglich Beispielcharakter. Im zweiten Teil stelle ich Anwendungen zum Einsatz dieser Symbolik vor, also das, was manche damit anstellen. Diese Zusammenstellung ist z.T. zusammengesucht (besonders aus dem Internet), bzw. von mir dargestellt und kommentiert. Als Drittes gehe ich auf Zahlenspiele ein, die gar nicht ursprünglich im biblischen Text der Zahlensymbolik zuzurechnen sind, aber von ihren „Entdeckern" benutzt werden, als käme der gefundenen Zahl eine besondere Bedeutung zu. Gerade Letzteres entnehme ich gern Selbstdarstellungen betreffender Vertreter aus ihren Internetauftritten. Da kommt die „Geisterstunde" zu ihrem eigentlichen Ziel.

1. Biblisches Vorkommen zur Zahlensymbolik

Hier geht es hauptsächlich um Beispiele zur Zahlensymbolik in der Bibel, nicht um ihre Vollständigkeit. Letzteres würde wegen der Fülle den Rahmen sprengen. Ihr Vorhandensein in der Bibel ist eindeutig und verleiht den damit verbunden Sachverhalten eine hervorhebende Bedeutung. Eigentlich müsste man von einer Zahlenmystik sprechen. Es ist nichts Anrüchiges, die Bedeutung bestimmter Erfahrungen mit einer Zahlensymbolik zu unterstreichen. Das war in der Antike ein beliebtes Mittel der Zuschreibung von Eigenschaften und Geltung. Leider verleitete es manch einen, Zusammenhänge und Ausdeutungen zu fabrizieren, die der eigenen Phantasie entsprangen und somit eigenwillige Gedankenspiele beflügelten. Das war nicht der ursprüngliche Sinn biblischer Zahlensymbolik. Hier eine Übersicht im biblischen Befund in einer Auswahl:

- Die Zahl Drei: Sie symbolisiert das in sich Geschlossene, Überschaubare, das unbedingt Gültige. Wir finden sie besonders bei bestimmten rituellen Handlungen (dreiteilig ist der aaronitische Segen, 4.Mo 6,24-26). Die Zahl drei ist oft mit machtvollen Taten Gottes verbunden. Der dritte Tag steht sinngemäß für den Moment, in dem etwas beendet, vervollkommnet und vollendet wird. Am dritten Tag wurde Jona aus dem Bauch des Fisches befreit, Christus von den Toten auferweckt. Die trinitarische Taufformel („im Namen des Vaters und des Sohnes und des Heiligen Geistes", Mt 18,19) gehört sicher auch in die symbolische Reihe.

- Fünf: Sie kommt recht häufig in der Bibel vor, lässt sich aber kaum als typisch symbolische Zahl einordnen. Beispiele für das Vorkommen: David wählte fünf glatte Steine für den Kampf gegen Goliath (2.Sam 17,40). Bei der Speisung der 5000 hatten die Jünger nur fünf Brote und zwei Fische (Mt 14,17). Von den fünf klugen und fünf törichten Jungfrauen ist in Mt 25,2 die Rede.

- Sieben: Sie versinnbildlicht die Fülle und Ganzheit und steht besonders für das Heilige. Denken wir an 1.Mo 1,1-2,4, die Schöpfung in sieben Tagen und mit dem siebenten Tag (Sabbat) als geheiligtem Ruhetag. So gab es das 7. Jahr als Sabbatjahr. Große Feste wurden sieben Tage gefeiert. Die Offenbarung des Johannes richtet sich an sieben Gemeinden (Offb 1,4); Johannes sieht ein Buch mit sieben Siegeln (Offb 5,1) usw. Auch die Zahl 70 als das Vielfache von 7 findet sich oft (70 Älteste, 70 Jahre dauert das babylonische Exil).

- Zehn: Als Vielfaches von Fünf kommt die Zehn aufgrund des in Palästina verwendeten Dezimalsystems oft vor. Fünf und Zehn stehen für Vollständigkeit und Totalität (Bei der Speisung der 5000 hatte der Junge 5 Brote. Im Gleichnis von den anvertrauten Pfunden werden zehn Pfunde, 10 Knechte und 10 Städte erwähnt. Es gibt 10 Gebote, 10 Plagen in Ägypten, den Zehnten als Tempelsteuer, die 10 Jungfrauen in Matthäus 24 und 10 Gewalten, die den Menschen nicht von der Liebe Gottes trennen können (Römer 8,38f).

- Zwölf: Sie steht für Ganzheit und Vollständigkeit und hat sicher ihren Ursprung in astronomischen Beobachtungen (12 Mondumläufe/Monate). Das Volk Israel gliederte sich in Zwölf Stämme (2.Mo 49,3-28); Jesus berief zwölf Apostel (Mt 10,2-4); das Himmlische Jerusalem sollte zwölf Tore haben und eine Länge von 12.000 Stadien (Offb 21,10-16).
- Vierzig: Symbolisch steht die Zahl für Prüfungen und das Erreichen von Reife, als Zeit der Vorbereitung oder Buße. Vierzig Tage und vierzig Nächte regnet es während der Sintflut (1.Mo 7,4), vierzig Jahre wanderte das Volk Israel durch die Wüste, bevor es das verheißene Land erreichte (2.Mo 16,35); vierzig Tage gab der Prophet Jona der Stadt Ninive, sich zu bekehren (Jona 3,4), vierzig Tage fastete Jesus, bevor er öffentlich wirkte (Mt 4,2).
- Hundertvierundvierzig: Sie gilt als Erhöhung der Zwölf (12 mal 12). Johannes erfährt in seiner Offenbarung, dass die Zahl der „versiegelten" Israeliten 144.000 beträgt, je 12.000 aus den zwölf Stämmen Israels (Offb 7,4).
- Sechshundertsechsundsechzig: Das ist die Zahl des Tieres in der Offenbarung des Johannes (Offb 13,18) – ein Rückgriff auf die Zahl 6 als Symbol für den Menschen, aber auch für menschliche Schwachheit und Sünde.

2. Die pseudo-theologische „Vermarktung" der Zahlen

Verborgene Geheimnisse, die sich um Zahlencodes ranken, beflügelten seit je her die menschliche Phantasie. Die Abergläubigkeit des Mittelalters an geheime Kräfte, die sich zähmen ließen, wenn man sie entschlüsseln könnte, hat sich bis in die „aufgeklärte" Gegenwart gehalten. Hier will ich zunächst nur einige Beispiele nennen, die zwar außerhalb theologisch relevanter Überlegungen anzusiedeln sind, aber typisch sind für eine allgemein menschliche Anfälligkeit auch in unserer „aufgeklärten" Zeit, bestimmten Zahlen eine besondere Bedeutung zuzumessen. Das ist auch dem „frommen Volk" sicher nicht fern, wie sich noch zeigen wird.

Die Zahl 13 spielt z. Z. wohl die größte Rolle. In den USA wird auch heute noch vermieden, ein 13. Stockwerk zu benennen. Stattdessen gibt es „12A" oder gleich 14. In Flugzeugen oder auf Kreuzfahrtschiffen gibt es keine 13. Sitzreihe bzw. kein 13. Deck. Auch in Krankenhäusern und Hotels wird auf Zimmer mit der Nummer 13 verzichtet. In Wellington/Neuseeland befinden sich staatliche Büros oft im 13. Stock, weil diese nicht an Geschäftsleute vermietbar sind. Sie halten eine solche Adresse für geschäftsschädigend. Am Hochschul-Campus Freising-Weihenstephan/Bayern existiert offiziell kein Hörsaal mit der Nummer Dreizehn. Stattdessen wurde eine Kneipe von den Studenten zum „Hörsaal 13" erkoren.[2]

In esoterischen Zirkeln kursieren zudem Theorien zu symmetrischen Zahlen. Sie haben von vorn und hinten gelesen die gleiche Ziffernfolge wie 7, 22, 151, 951159. Ein weiteres Beispiel sind die „Engelszahlen". Das sind Dreifachzahlen wie 111, 333, 666 usw. denen eine besondere Bedeutung für das eigene Schicksal zugesprochen wird.

Zahlen können laut der alten Wissenschaft der Numerologie einen großen Einfluss auf unsere Persönlichkeit, unser Leben und die Entscheidungen haben, die wir im Laufe der Jahre treffen. So sagt zum Beispiel die Schicksalszahl aus, worin unsere Stärken und Schwächen liegen und die Herzenszahl, was unsere innersten Wünsche und Sehnsüchte sind. Sogar unsere Adresse kann, in Zahlen umgewandelt, einiges über uns verraten.[3]

Wer mehr dazu wissen möchte, suche einfach unter „Numerologie" im Internet nach einschlägiger „Aufklärungs"-Lektüre. Es werden sogar durch Zahlenmystik Heilungserfolge versprochen. So gibt es anscheinend nichts, was es nicht gibt. Man muss es nur in großer Einfalt glauben.

---

2 Vgl. *Walter Schmidt*: Zahlen - Annäherung an einen Mythos, Rhein-Neckar-Zeitung, 30.01.2019.

3 https://www.Engelszahlen: Diese Bedeutung haben Dreifachzahlen für Sie, in: liebenswert-magazin.de.

Im Folgenden soll der Einfluss des esoterisch Interessanten an den Zahlenspielen in christlichen Kreisen angesprochen werden. Da glauben einige, in der biblischen Zahlensymbolik verborgene Botschaften entschlüsseln zu können. Das geht so weit, dass symbolische Zahlen in biblischen Zusammenhängen gesucht und gefunden werden, die es gar nicht gibt – entweder als Zahl oder als besonders sinnfällige Bedeutung, wie wir dies sonst aus der Bibel kennen.

2.1 Siebenfältiger Geist

Manch Prediger redet gern vom „siebenfältigen Geist", wenn er ganz schlicht den Heiligen Geist meint. Das klingt wissender und wirkungsvoller. Das bezieht sich auf Jesaja 11,1-2. Dort heißt es im Zusammenhang mit einer Messiasverheißung: „Auf ihm wird ruhen der Geist des Herrn, der Geist der Weisheit und der Einsicht, des Rates und der Stärke, der Erkenntnis und der Furcht des Herrn."

Wer zählen kann: Da ist von sechs(!) Merkmalen des Geistes des Herrn die Rede; sie beschreiben ihn näher. Aber auch diese sechs Merkmale sind jeweils zu drei Paaren durch „und" verknüpft. (Vielleicht wird daraus wenigstens noch eine „heilige Drei"?) Oder soll die Zuordnung Geist *des Herrn* hinzugezählt werden, damit es endlich sieben sind? Das ist sprachlich schon recht willkürlich Es gibt eine erhellende katholischen Erklärung dazu.[4] Und wenn es um die suggerierte Bedeutung der Siebenzahl gehen soll, wie ist es dann mit den anderen Merkmalen und Wirkungsweisen des Geistes Gottes in der Bibel? Da ist vom Geist als Paraklet (Beistand/Töster) die Rede (Jo 14,16; 16,7.13), der in alle Wahrheit leitet, vom Geist Gottes, der beruft (Apg 13,2) und neue Wege führt (Apg 16,6), vom Geist des Friedens (Rö 14,7), vom Geist der Kraft, der Liebe und Besonnenheit (2.Tim 1,7) usw. Wer vom „siebenfältigen Geist" redet, reduziert die Fülle biblischer Aussagen über den Geist Gottes und lässt diese Art von ihm zu reden geradezu „ein-fältig" wirken.

---

4 „In den späteren Bibelübersetzungen [?!] wurde auch eine 7. Gabe, die Frömmigkeit, hinzugefügt, woraus sich in der katholischen Theologie die Lehre von den 7 Gaben des Heiligen Geistes entwickelt hatte." in: https://www.erzdioezese-wien.at/Was sind die 7 Gaben des Heiligen Geistes?

2.2   Fünffältiger Dienst[5]

Wie es die Zahl Fünf bei einigen Liebhabern zu hoher Bedeutung brachte, ist schlecht nachzuvollziehen. Sie scheint aber eine magische Anziehungskraft zu besitzen für fromme Zahlenmystiker. Die Lehre über den fünffältigen Dienst (nach Eph 4,11-12) geistert durch viele Veröffentlichungen und durch Seminare zur „geistlichen Leiterschaft" und scheint eine zwingende Leitlinie für einen gesunden Gemeindeaufbau zu sein. Dabei ist diese Idee gerade mal knapp 200 Jahre alt. In mehreren Wellen taucht sie immer wieder in Abwandlungen auf.

Ursprünglich stammt sie aus Schottland. Im Jahre 1824 begann der Presbyterianische Pastor James Irving über den fünffältigen Dienst zu lehren. Die Apostel, Propheten, Evangelisten, Hirten und Lehrer seien aus der Kirche verschwunden. Dies mache die Erneuerung der Kirche notwendig. Entsprechend seiner Lehre würde sich die Wiederherstellung der Kirche in der kommenden Zeitenwende im Königreich Gottes auf Erden ereignen. Als Folge dieser Lehre gründeten Irving und seine Gefolgsleute 1832 die *Katholisch Apostolische Kirche*. Nach deren Niedergang gründete sich die *Neuapostolische Kirche*, es folgte die *Christ-Katholische Kirche* usw.

Im Zusammenhang mit der charismatischen Erweckung in der Azusa Street/Los Angeles (1906) bekam der Glaube an die Wiederherstellung des fünffältigen Dienstes als Zeichen für die Wiederkunft Christi neue Bedeutung. In den 1960er Jahren tauchte dieser Gedanke wieder in der Charismatischen Bewegung in Westeuropa auf. 1996 entstand durch Peter Wagner die *Apostolische Bewegung* als neue Art des Gemeindeaufbaus. Aktuell ist diese Lehre Teil der *Geistlichen Gemeinde-Erneuerung*.

Der Wortlaut des Textes aus Eph 4,11: „Und er selbst [*Christus*] gab den Heiligen die einen als Apostel, andere als Propheten, andere als Evangelisten, andere als Hirten und Lehrer." Bei genauem Hinsehen weist dieser Text nur vier Dienste (schon gar nicht Ämter!)

---

5   Vgl.: https://katalyma.wordpress.com/2008/11/09/der-funffaltige-dienst-auf-gabe-oder-amt.
und: https://portal.einfachegemeinde.de/Hauskirchen-Hausgemeinden/Seiten/Themen/der_fuenffaltige_dienst_die_geschichte_einer_doktrin.htm.

aus. Das ergibt sich aus dem Satzbau mit einer vierteiligen Aufzählung, wobei jedes Aufzählungselement eine eigene Einleitung hat. Das vierte Element ist zweigliedrig und besteht aus der Begriffsdoppelung „Hirte und Lehrer". Also müsste man eigentlich vom „vierfältigen" Dienst sprechen.

Es ist nicht von Ämtern oder gar Titeln die Rede, sondern von Diensten. Es geht auch nur um eine Aufzählung, nicht um eine Hierarchie. Diese Aufzählung von möglichen Diensten ist unvollständig, weil im NT weitere genannt werden. So fehlen z. B. die Ältesten (Bischöfe) und Diakone. Ein Vergleich mit Eph 2,19f. („Ihr seid nun [...] aufgebaut auf der Grundlage der Apostel und Propheten, wobei Christus Jesus selbst Eckstein ist.") zeigt auch, dass die Vorstellung einer unabdingbar notwendigen geistlichen Leitungshierarchie als reichlich lächerlich erscheint – ganz abgesehen von Jesu herzlicher Abneigung gegenüber Vorrechts- und Herrschaftsansprüchen unter seinen Jüngern (z.B. Mt 23,8-12; Lk 22,25f.).

Hier ein Zitat, in dem diesem Gedankengut vom fünffältigen Dienst die volle göttliche Wucht zugesprochen wird:

In den vergangenen Jahren ist der fünffältige Dienst vermehrt in das Bewusstsein unterschiedlichster Gemeinden und Bewegungen gerückt. Er ist von großer Bedeutung für den Prozess der Wiederherstellung, denn solange diese einzelnen Dienste nicht völlig in Funktion sind, wird die Gemeinde nicht in die Fülle ihrer Berufung treten können. Der fünffältige Dienst ist Gottes Methode, seine Gemeinde aufzubauen und sie in eine Position zu führen, wo sie Gottes Gegenwart und Kraft auf dieser Erde repräsentieren kann. Auch wenn zurzeit einiges in puncto Umsetzung noch unausgewogen scheint und der biblischen Wirklichkeit nicht immer gerecht wird, findet eine sehr gute und absolut notwendige Entwicklung landein und landaus diesbezüglich statt. Beim fünffältigen Dienst, wie er uns in Epheser 4,11-14 beschrieben wird, handelt es sich um Leiterschaftsfunktionen, die mit jeweils spezifischen Begabungen ausgestattet sind und dem Leib als Ganzes dienen. [6]

Behauptet wird hier und andernorts zum „fünffältigen Dienst", es handle sich um eine originale Lehre der Bibel, aus der sich eine Ämterhierarchie ableiten ließe, die für gesunde Gemeinden unabdingbar sei. Deshalb müsse der „fünffältige Dienst" unbedingt wie-

---

6 http://www.holgerpetri.de/ARTIKEL_files/5faeltige_anbetungsdienst.pdf.

der hergestellt werden. Im Umkehrschluss sind deshalb Mängel in den Gemeinden an ihrem Fehlen erkennbar und darin begründet. „Geistliche Leiterschafts-Konferenzen" sollen dem Mangel abhelfen. Da entsteht der Eindruck, dass nicht Christus beruft/bestellt (so der Text in Eph 4), sondern sich eine Leiterschaft selbst bildet und dann berufen fühlt. Sie versteht sich dann kaum noch als eingegliederter Teil des Ganzen im Sinne von Röm 12 bzw. 1.Kor 12. Diese Leiter verorten sich als notwendige geistliche Elite, ohne die die Gemeinden Mangel leiden müssten. Sie beanspruchen für sich Autorität, weil sie dazu mehr vom Geist legitimiert seien als andere Gemeindeglieder. Hier bildet sich ein elitärer Herrschaftsanspruch heraus. Gaben des Geistes sind im NT immer Dienstgaben zum Nutzen anderer, keine Herrschafts-Titel für den Ego-Trip.

Es wurden also Titel für Menschen gesucht, die ganz Oben in der Pyramide, direkt unter Christus selber anzusiedeln wären. Zu Auslegungsschwierigkeiten kommt man schon wenn man Eph 2,20 hinzuzieht: „Ihr seid nun [...] aufgebaut auf der Grundlage der Apostel und Propheten, wobei Christus Jesus selbst Eckstein ist." Hier haben wir „nur" Apostel und Propheten, nicht aber die anderen Dienste aufgezählt. was bedeutet das aber? Dass diese zwei Ämter in der Riege des fünffältigen Dienstes noch einmal höher gestellt sind? Oder gibt es in der Deutung des fünffältigen Dienstes nicht doch Gedankenfehler?

Im Bund Evangelisch-Freikirchlicher Gemeinden (BEFG) macht sich dieser Unsinn auch schon breit, wenn auch in vorsichtig abmildernder Form. Siehe dazu das Praxismaterial zur Handreichung „Verantwortlich Gemeinde leiten", erstellt und herausgegeben von Oliver Pilnei für das Seminar „Führen und Leiten". Darin heißt es zum fünffältigen Dienst (Eph 4, 11-12):

> *Im Epheserbrief werden fünf Dienste in der Leitung einer Gemeinde genannt. Der Text beschreibt damit Funktionen und Aufgaben, die eine Leitung ausüben muss. Die hier genannten Dienste haben einen ihnen übergeordneten Zweck: Christen sollen so zugerüstet werden, dass sie ihrerseits zum Dienst befähigt werden. So baut sich der Leib selbst auf in Liebe (V.17). In den letzten Jahren ist mit Blick auf diesen Text häufig vom fünffältigen Dienst gesprochen worden. Allerdings wird hier keine Amtsstruktur beschrieben, die eins zu eins auf heute übertragen werden kann. Der Text will auch nicht dazu anleiten, nach einzelnen Personen*

(Apostel, Propheten etc.) Ausschau zu halten, die die genannten Dienste idealtypisch verkörpern. Es geht vielmehr um Leitungsfunktionen. D. h. es kommt nicht darauf an, herausragende Einzelgestalten zu finden. Ein funktionales Leitungsverständnis ist gabenorientiert und fördert Beteiligung, weil viele Glieder am Leib Christi in die Leitungsarbeit einbezogen werden. Ein funktionales Verständnis fordert dazu heraus, die benannten Funktionen zu verstehen – und möglicherweise auch mit anderen sprachlichen Mitteln zu benennen.[7]

Dem folgt eine Grafik: Die Funktionen der genannten Ämter bzw. Dienste.

Es gibt sogar Tests, um das eigene Gemeindeleben nach dem fünffältigen Dienst hin zu überprüfen:

Der fünffältige Dienst – 5-D-Analyse

Teste nun mit Deiner Gemeinde, wie stark die 5 Leitungsgaben Apostel, Hirte, Evangelist, Lehrer, Prophet [man achte auf die geänderte Reihenfolge im Vgl. zu Eph 4!] in Deiner Gemeindeleitung ausgeprägt sind.

Wie apostolisch führt Deine Gemeindeleitung? Begleitet sie ihre Mitglieder? Und wie ist das eigentlich mit dem Anliegen der Evangelisation? Die CCC hat nun einen Test entwickelt, den Gemeinden komplett alleine durchführen können. Dazu müssen sich die Gemeindemitglieder/ -besucher einfach an ihren PC setzen und die per Mail zugestellte Umfrage beginnen. Alternativ stattet man einfach eine oder mehrere Personen mit einem Tablet-PC aus und lässt ihn/sie beim Kaffeetrinken nach dem Sonntagsgottesdienst mal durch die Mitgliederreihen gehen.[8]

2.3 Fünffältiger Anbetungsdienst

In Anlehnung an den fünffältigen Leitungsdienst gibt es nun auch noch den dazu passenden Anbetungsdienst.[9] Zitat:

Da es sich bei wahrer Anbetung um eine Tätigkeit handelt, bei der die Versammlung einen geistlichen Raum betritt, um – geleitet durch den Heiligen Geist – dem lebendigen Gott durch Lieder, Musik, Gebete, usw. zu begegnen, ist es von entscheidender Bedeutung, dass die Anbetung in den Händen solcher Personen liegt, die von Gott dazu begabt sind. Jeder

---

7   https://www.baptisten.de/fileadmin/befg/media/dokumente/7_Beispiel_Der_fuenffaeltige_Dienst.pdf.

8   Quelle: Der fünffältige Dienst – 5-D-Analyse | CCC Consulting Coaching Change (ccchange.de).

9   http://www.holgerpetri.de/ARTIKEL_files/5faeltige_anbetungsdienst.pdf.

der fünf einzelnen Leitungsgaben fällt dabei schwerpunktmäßig eine bestimmte Aufgabe zu:

- *der apostolische Anbetungsleiter hat die Gabe, den geistlichen Raum zu öffnen*
- *der prophetische Anbetungsleiter hat die Gabe, den geistlichen Raum zu zeigen*
- *der evangelistische Anbetungsleiter hat die Gabe, in den geistlichen Raum zu führen*
- *der pastorale Anbetungsleiter hat die Gabe, den geistlichen Raum zu erhalten*
- *der lehrende Anbetungsleiter hat die Gabe, den geistlichen Raum zu erklären*

Die jeweiligen Leitungsgaben drücken sich während der gemeinschaftlichen Anbetung hauptsächlich im Leitungsstil und dem Umgang mit der Versammlung aus. Sie bestimmen insbesondere auch die Auswahl der Lieder.

2.4 Zahlenspiele zu den Geistesgaben

Interessant ist offensichtlich eine gewisse Ignoranz gegenüber den tatsächlich gegebenen biblischen Textbefunden. Das spiegelt sich schon in den widersprüchlichen Beispielen wieder. Man hat den Eindruck, als tobe sich eine gewisse Zahlensucht aus. So werden mal 7, mal 9, 10, 18, 20 oder 30 Geistesgaben im Neuen Testament gezählt. Jede dieser Zählungen erhebt den Anspruch einer grundsätzlichen oder umfassenden bzw. abschließenden inhaltlichen Darstellung des biblischen Befundes. Das ist deshalb nicht unerheblich, weil damit der Anspruch verbunden wird, dass die jeweilige Version einen Maßstab abgibt für ein gesundes Gemeindeleben (ähnlich dem fünffältigen Dienst, s.o.). Nachfolgend verweise ich auf typische Quellen aus dem Internet.

7 Geistesgaben

nach: https://charismatismus.wordpress.com/2011/06/13/die-7-gaben-des-heiligen-geistes/.

Die Siebenzahl begründet sich in Jes 11, 2 („der Geist der Weisheit und der Einsicht, der Geist des Rates und der Stärke, der Geist der Erkenntnis, der Frömmigkeit und der Gottesfurcht") und kommt zu der Zusammenschau von: 7 Sakramente – 7 Tugenden – 7 Geistesgaben. Das ist eine katholische Stimme. Interessant ist dazu, wie es nach katholischer Lehre zur Zahl 7 kam (s. oben zum „siebenfältigen Geist", S. 156, Anm. 4):

Quelle: https://www.erzdioezese-wien.at/Was sind die 7 Gaben des Heiligen Geistes?

Von 6 zu 7 Gaben des Heiligen Geistes

Der angekündigte Messias wird vom Geist Gottes, also vom Heiligen Geist, bestärkt. Jesaja nennt sechs Gaben, die paarweise erscheinen und drei unterschiedliche Aspekte beleuchten:

Weisheit und Einsicht: Diese Eigenschaften beziehen sich auf die menschlichen Charakterstärken des Königs;

Rat und Kraft: Diese Eigenschaften zeichnen die Amtsführung des Königs aus;

Erkenntnis und Furcht des Herrn („Gottesfurcht"): Diese Eigenschaften verweisen auf die religiöse Haltung, die Beziehung zu Gott.

In den späteren Bibelübersetzungen [?!] wurde auch eine 7. Gabe, die Frömmigkeit, hinzugefügt, woraus sich in der katholischen Theologie die Lehre von den 7 Gaben des Heiligen Geistes entwickelt hatte.

Zu weiteren Zähl-Varianten verweise ich nur auf die Beispiel-Quellen:

7 Gaben des Heiligen Geistes (ohne bibl. Bezug!):

Quelle: *www.fachzeitschriften-religion.de/download/8999.*
Die sieben Gaben des Heiligen Geistes Gottes Download (Archiv) (deutschlandfunkkultur.de)

7 Gaben des Heiligen Geistes (nach Römer 12,1-10):

Quelle: *Gnadengaben gemäss Römer 12.1-10 (Dienstgaben) (bibelthemen.ch).*
In Wirklichkeit sind es 6 Gaben!

9 Geistesgaben:

Quelle: *http://www.bibelinfo.net/images/Leben/HeiligerGeist/hlggeist15-korinth.pdf.*

10 Geistesgaben:

Quelle: *http://www.cj-lernen.de/material/geistesgaben-eine-liste/.*

18 Geistesgaben:

Quelle: *https://www.efg-hohenstaufenstr.de/downloads/bibel/Gaben_des_Heiligen_Geistes.pdf*

20 Geistesgaben:

Quelle*: https://www.campus-d.de/fileadmin/content/campus-d.de/%C3%96A/ Downloads/Gabenfragebogen.pdf.*

30 Gaben des Geistes (n. Chr. A. Schwarz, s. Gabentest):

Quelle: *http://www.etg-berglen.de/predigt-archiv/bibelarbeiten/gaben/ga-ben.htm.*

Die Sammlung von Christian Schwarz beruht auf einer Zusammenstellung von Angaben in 1.Kor 12, 8-11.28; Röm 12, 7f. und Eph 4,11-13.

Vielleicht darf man auch mal auf die Idee kommen, dass alle Aufzählungen der Geistesgaben in der Bibel nur Beispiele sind. Keine der Listen im Neuen Testament beansprucht Vollständigkeit. Allein ihr vielfältiges und unterschiedliches Vorkommen zeigt doch, dass mit ihnen nicht schon alles gesagt und erfasst ist. Die Wirkungen des Geistes Gottes gehen immer noch weit über die Nennungen hinaus. Das sollten wir dankbar und erwartungsvoll zur Kenntnis nehmen.

3. Fazit

Frei nach Hebräer 13,9: „Lasst euch nicht durch kuriose Lehren verrückt machen, [...] die für niemanden einen Nutzen bringen." Wer nach verborgenen Zahlen in der Bibel sucht und seinem „Fund" deshalb eine besondere Bedeutung zumisst, sollte sich besser um den Inhalt der jeweiligen Texte kümmern. Der ist wichtiger als eine mit verborgenem Sinn befrachtete Zahl. Ein Beispiel: Die Frucht des Geistes (nicht „Früchte"!) nach Gal 5,22 ist eine neunfache: Liebe, Freude, Friede, Langmut, Freundlichkeit, Güte, Treue, Sanftmut, Enthaltsamkeit. Aus dieser Neunzahl könnten „Kenner" sicher Kluges heraus-sinnieren. Wie wäre es, den Heiligen Geist im eigenen Leben – wie mit den Begriffen benannt – so zum Zuge kommen zu lassen, dass er sich gerade darin im Sinne von Gal 5,22 als fruchtbar erweisen kann. Vielleicht sei dem Heiligen Geist dann sogar auch eine Ergänzung als Frucht erlaubt, auch wenn sich dadurch die Zahl ändert: *Demut.*

Zum Abschluss:

Adrians Brief von der Insel[1]

Meine lieben deutschen Freunde!

Bevor ich vor einem Publikum in Ihrem Land eine bestimmte Geschichte erzähle, stelle ich oft die Frage, wie viele der Anwesenden schon einmal in der Londoner U-Bahn gefahren sind. Jedes mal staune ich über den Wald von Händen, der sich daraufhin erhebt. Kein Wunder, dass es in der U-Bahn immer so voll ist – da sitzen lauter Deutsche drin!

Die Geschichte, die normalerweise dieser Frage folgt, ist vollkommen wahr und handelt davon, wie ich einmal mit der U-Bahn zu einer Veranstaltung im Nordwesten von London fuhr. Zu der Zeit war ich mit allem möglichen ziemlich unzufrieden, besonders mit meiner Rolle als reisender christlicher Redner. Offen gesagt, ich war den Klang meiner eigenen Stimme leid – eine bemerkenswerte Tatsache.

Als ich in meinem miesepetrigen Zustand da neben der Tür saß, stiegen zwei sehr gut gekleidete Geschäftsleute ein und begannen, sich mit volltönenden, sonoren Stimmen über Profite, Öl und Investitionen zu unterhalten.

„Das ist es, was ich eigentlich machen sollte", murmelte ich neidisch und gereizt vor mich hin. „Ich sollte in die Industrie gehen und reich werden, anstatt Leuten, die es wahrscheinlich sowieso nicht hören wollen, die Ohren über Gott vollzulallen.

---

1 Aus: Adrians Briefe von der Insel; in: Zeitschrift „dran" Nr. 7/97, Witten 1997. *Adrian Plass* (*1948), christlicher britischer Schriftsteller, in Deutschland vor allem bekannt durch sein satirisches „Tagebuch eines frommen Chaoten".

Ich sollte wohlhabend und selbstsicher und erfolgreich sein, wie die beiden da."

Als der Zug an der übernächsten Station hielt, spähte einer der beiden Männer durch das Fenster und sagte mit immer noch sonorer, aber leicht beunruhigter Stimme: „Meine Güte, wir fahren ja in die falsche Richtung!"

Das machte mich höchst zufrieden; ja, es begeisterte mich geradezu. Es schien, als ob Gott mir mitten im Alltagsgetriebe eine nette kleine Anschauungslektion erteilte, wie er es so oft tut.

„Plass", sagte er, „mag ja sein, dass du heute die Nase voll hast, aber immerhin bist du in der richtigen Richtung unterwegs."

Herzlichst,
Euer Adrian Plass

Anhang

Abbildungen:

Titelfoto: pluswert.at
S. 7:   JW.org
S. 8:   gettyimages.ch
S. 9:   WortWolke24.de / P. Muttersbach
S. 13:   iStock.com/g-stockstudio
S. 31:   Trueffelpix-Fotolia/P. Muttersbach
S. 37:   Rüdiger Pfeffer
S. 41:   studilux.de
S. 44:   Waldemar Pelz
S. 47:   P. Muttersbach
S. 48:   Wissensdatenbank Wirtschaft
S. 49:   Kukm-aktuell.de
S. 51:   meinBurscheid.de
S. 74:   Adam Jacobs
S. 75:   WortWolke24.de / P. Muttersbach
S. 81:   Baxter / P. Muttersbach
S. 82:   Baxter / P. Muttersbach
S. 89:   istockphoto.com
S. 93:   google/P. Muttersbach
S. 100:   Tiki Küstenmacher
S. 114:   P. Muttersbach
S. 121:   WortWolke24.de / P. Muttersbach
S. 133:   EKD
S. 138:   Archiv P. Muttersbach
S. 140:   YouTube
S. 155:   Verlag Kultur und Wissenschaft
S. 164:   Facebook.com

Weitere Veröffentlichungen des Autors

Haltepunkte. Predigten

Predigten sind wie Haltpunkte. Man kann einsteigen, umsteigen, nach dem Weg fragen, ein neues Ziel ansteuern usw. Die Predigten des Autors regen vielseitig an, machen neugierig oder auch nachdenklich. In jedem Fall eröffnen sie manchen ungewohnten Blickwinkel.

Eine anregende Sammlung von Predigten zu ganz untershiedlichen Themen. Viele bekannte und weniger bekannte Bibeltexte erscheinen in einem neuen Licht.

BoD-Verlag, Norderstedt 2016
260 Seiten, Pb., € 17,90
ISBN 9 783837 045260

Die Anfänge des Baptismus zwischen Harz und Heide

Mitautor: Gotthard Wefel

Viele bisher unbekannte Datails haben die Autoren zur Thematik zusammengetragen. Sie schildern anschaulich die Entwicklung und Ausbreitung baptistischer Gemeinden aus der Zeit der 1830er Jahre bis zur Wende zum 20. Jahrhundert, also einer Zeit bedeutsamer gesellschaftlicher Umbrüche. Die Ausgabe enthält viele Abbildungen und Karten.

BoD-Verlag, Norderstedt, 2015,
296 Seiten, Pb., € 14,90
ISBN 978-37347-96111
(auch als E-Book erhältlich: € 9,99)

Schöninger Baptisten. Eine Freikirche mit Geschichte

Die Geschichte der Baptistengemeinde in Schöningen lässt sich bis 1850 zurückverfolgen. Damals galt allein das Staatskirchentum als erlaubt. Eine Freikirche im Herzogtum Braunschweig erschien als Ungeheuerlichkeit. Deshalb sollten diese „Wiedertäufer" bestraft werden. Sie gehörten ins Gefängnis Ihren Kindern drohten Zwangstaufen.

Trotzdem etablierte sich die Baptistengemeinde. Ihre Entwicklung führte über viele interessante Stationen. Sie wurde zu einem unübersehbaren Teil der Kirchengeschichte Schöningens und des Landkreises Helmstedt bis in die Gegenwart.

Dabei zeigt sich die Gemeinde als eine moderne Kirchenvariante. Sie ist geprägt vom gelebten Glauben, freiwilliger Mitgliedschaft, motivierender Mitgestaltung durch ihre Mitglieder und einer Finanzierung ohne Kirchensteuern. Der Baptismus ist nicht nur weltweit, sondern auch in Schöningen eine selbstbewusste Stimme im ökumenischen Miteinander der Kirchen.

Der Autor zeichnet nicht nur die Chronologie der örtlichen Gemeinde nach. Ihm geht es um den Blick für die Zusammenhänge, in denen eine solche Geschichte überhaupt nur verständlich sein kann. So bezieht er gesellschaftspolitische, wirtschaftliche und natürlich kirchenpolitische Entwicklungen mit ein. Er geht mit wissenschaftlicher Gründlichkeit vor, nimmt dem Leser dadurch aber nicht die Lesefreude. Schließlich hat eine Gemeinde immer auch ihr menschliches und manchmal auch ihr allzu menschliches Gepräge.

BoD-Verlag, Norderstedt 2021
300 Seiten, gebunden., € 28,00
ISBN 9 783752 603859